사회성을 길러주는
우리아이
언어치료

초판 1쇄 발행 2013년 11월 29일
초판 11쇄 발행 2025년 7월 31일

지은이 김재리·조아라·최소영·허은경
펴낸이 채종준
기 획 이주은
편 집 한지은
디자인 윤지은
마케팅 송대호

펴낸곳 한국학술정보(주)
주 소 경기도 파주시 문발동 파주출판문화정보산업단지 513-5
투고문의 ksibook1@kstudy.com
출판신고 2003년 9월 25일 제406-2003-000012호

ISBN 978-89-268-5354-2 13370

이담
Books 는 한국학술정보(주)의 지식실용서 브랜드입니다.

56
human
therapy

사회성을 길러주는 우리아이 언어치료

김재리 · 조아라 ·
최소영 · 허은경 지음

이담 Books

“우리 아이는 아무한테나 엉뚱한 질문을 해요.”

“우리 아이가 혼자서만 웃어요.”

“우리 아이는 친구들과 왜 어울리지 못할까요?”

치료 현장에서 부모님의 이야기들을 들으면서 마냥 가볍게 넘길 수만은 없었습니다. 부모님들은 아이들이 집에서처럼 밖에서도 사랑받는 아이가 되길 원하고 선생님은 아이들이 친구들과 문제없이 잘 어울렸으면 좋겠다고 바라지만 종종 그렇지 못한 경우들이 있습니다. 우리 아이들에게 사회적으로 적절하지 않은 행동이 무엇이고 적절한 행동은 어떻게 하는 것인지 알려줄 수 있다면, 아이들이 또래들에게 사랑받으며 더 좋은 교우관계를 유지할 수 있을 텐데 하는 아쉬움도 컸습니다.

고민하시는 부모님과 선생님을 보면서 쉬우면서도 효과적으로 우리 아이들을 도울 수 있는 자료가 있으면 좋겠다는 생각이 들었습니다. 아이들에게 실제적으로 적용할 수 있는 자료가 부족하다 보니, 필요할 때마다 자료를 직접 만들어야 하는 경우가 많았습니다. 그러면서 보다 실제적인 상황에서 아이들이 보이는 구체적인 행동들에 초점을 맞춘 교재가 있으면 좋겠다는 마음이 컸습니다. 외국의 여러 교재처럼 쉽고도 실제로 적용 가능한 생생한 자료들이 국내에도 많이 나왔으면 좋겠다는 마음으로 몇 명의 언어치료사들이 모이게 되었습니다. 함께 머리를 모아 문제도 만들고, 직접 그림도 그리며 열심히 준비했습니다. 저희가 처음 목표했던 것처럼 이 책이 치료사도, 선생님도, 부모님도 쉽게 사용할 수 있는 책이 되기를, 아이들의 사회성 향상에 실질적인 도움이 되기를 간절히 소망합니다.

이 책을 출판하는 동안 저희를 격려하고 지지해준 가족들, 함께 공부하고 일하고 있는 동료들, 네이버 예꿈언어교육자료나눔터 카페에서 열심히 활동해주시는 회원님들 모두에게 감사의 말씀을 전합니다. 무엇보다 이 일을 가능하게 하신 하나님께 감사드리며, 이 책을 읽으시는 모든 분께 하나님의 축복이 가득하길 소망합니다.

2013년 겨울

저자 일동

차례

○○ 머리말　05
이 책의 특징　08
진행 가이드　10

한 걸음
친구들과 **대화해요**

01 친구의 인사를 반갑게 받아주세요　15
02 어떤 질문은 친구를 당황하게 해요　21
03 칭찬은 친구의 기분을 좋게 해요　27
04 친구와 얘기할 때는 친구에게 집중해주세요　33
05 친구들의 대화에 함께하고 싶어요　39
06 어떤 말은 여러 가지 의미가 있어요　45
07 한 가지 이야기만 계속하면 친구가 따분해할 수 있어요　51
08 거절할 때는 미안한 마음을 담아요　57
09 부끄러운 일을 알려줄 땐 조심해서 말해주세요　63
10 때로는 하얀 거짓말이 필요해요　69
11 말을 따라 하지 않아요　75

두 걸음
좋은 **친구가** 되어요

12 속상한 친구는 위로해주어요　83
13 포기할 줄 아는 것도 필요해요　89
14 비밀을 지켜요　95

15 친구에게 나누어주어요　101

16 선물은 친구의 마음이 담긴 것이에요　107

17 친구가 나를 좋아해요　113

18 늘 일등이 될 수는 없어요　119

19 분위기를 파악해요　125

20 함께 일할 때는 내 책임을 다해요　131

21 무턱대고 의심하는 것은 친구 사이를 멀어지게 할 수 있어요　137

22 친구를 이르는 것이 좋지 않을 때도 있어요　143

23 혼자만 웃지 않아요　149

24 웃음은 다양한 의미가 있어요　155

25 내 취미를 친구들이 이상하게 생각할 수 있어요　161

26 어른을 공경해요　167

세 걸음
이런 행동은 No!

27 청결한 몸과 단정한 옷은 좋은 인상을 주어요　175

28 바닥에 떨어진 음식은 먹지 않아요　181

29 더러운 습관은 싫어요　187

30 친구를 때리면 안 돼요　193

31 욕은 사람들을 불쾌하게 해요　199

32 분노를 조절해요　205

33 혼잣말을 하는 것은 이상하게 보일 수 있어요　211

34 사람들 앞에서 몸을 만지는 것을 조심하세요　217

35 옷을 벗는 것은 친구들을 당황하게 할 수 있어요　223

아이들은 다른 사람들과 관계를 맺으며 성장합니다

어떤 아이들은 다른 사람들과 긍정적인 관계를 성공적으로 만들어 가지만, 어떤 아이들은 관계를 만들고 유지하는 데 어려움을 겪기도 합니다. 긍정적인 관계를 만드는 데에는 사회의 기대 및 기준에 적합하게 행동하고, 갈등을 원만하게 해결하고, 타인의 감정과 생각을 이해하고, 대화를 적절하게 주고받는 등의 능력이 필요합니다. 이러한 기술을 사회적 기술(Social Skills)이라고 합니다.

사회적 기술이 뛰어난 아이들은 감정 반영하기, 충동 통제하기, 자기 자신 돌아보기와 같은 '자기 조절 능력', 친근한 관계 유지하기, 생각·욕구·감정 전달하기, 사회적 상황을 파악하고 평화적으로 해결하기, 타인의 생각 수용하기 등의 '대인 간 기술', 유능감, 목적의식 등의 '긍정적 자아정체감', 선택하기, 계획 세우기, 사회적 목표 성취를 위해 긍정적 행동 수행하기 등의 '계획 및 결정하기', 배려, 정직, 책임감, 건강한 생활습관과 성적 태도 등의 '사회적 가치', 다양한 배경의 사람들을 이해하고 효과적으로 상호작용하기 같은 '문화적 유능성'의 기술들을 갖추고 있습니다(Kostelnik 외, 2008).

반면, 사회성이 부족한 아이들의 경우, 다른 사람들과 긍정적으로 상호작용하는 방법과 수용 가능한 사회적 행동이 어떤 것인지 알지 못하는 경우가 많습니다. 사람들은 사회적 상호작용을 통하여 자신과 세상을 이해하며 자신이 속한 공동체의 규칙을 배우고 그에 적합한 성인으로 자라기 때문에, 사회적 기술이 부족한 아이는 원만한 또래관계를 형성하기 어려울 뿐만 아니라 나아가 공동체 내에 수용되기 어려울 수 있습니다.

이 책의 목표는 아이들 스스로 배우고 익히게 하는 것입니다

이 책은 아이들이 자기 자신을 조절하고 적절한 대인 간 기술을 습득하며, 사회적 관계에서 겪게 되는 문제 상황을 원만히 해결하는 것을 목표로 제작되었습니다. 또한 바람직하지 못한 행동을 줄여나가고, 다른 사람의 의견 및 감정을 조망하여 적절히 반응하며, 사회적 가치를 체득하여 사회적 유능성을 기르는 것을 목표로 하였습니다. 본 책에서 소개되는 에피소드들은 저자들이 임상 현장에서 직접 접했던 이야기들로 구성되어, 아이들에게 보다 실질적인 도움이 될 수 있을 것으로 생각됩니다.

사회적 상황 질문의 특성상 정해진 답을 제공하지 않습니다

부모님과 선생님께서 아이의 상황과 특성에 맞게 적용하여 적절한 답을 유도하시면 됩니다. 만약 추가적인 정보를 원하신다면, 저자들이 운영하는 네이버 카페 '[언어치료] 예꿈언어교육 자료나눔터(cafe.naver.com/jdreamchildren)'로 질문하여 주세요.

사회성을 길러주는 효과적인 방법을 제시하였습니다

본 책에서는 총 35가지의 사회적 상황들을 그림으로 제시하였습니다. 그림과 함께 상황을 이해하는 데 도움이 되는 인지적·감정적 질문을 제시하였고, 또한 적용하기 질문을 통해 실제 생활에 적용해볼 수 있도록 구성하였습니다.

또한 선생님과 부모님의 편의를 위해 사회적 상황들을 다시 세 가지 하위 범주로 나누었습니다. 첫 번째는 의사소통능력 향상을 위한 대화기술 등으로 구성된 '친구들과 대화해요'입니다. 이 장에서는 '처음 만나는 친구와 인사하기, 적절한 질문하기, 경청하기, 친구들의 대화주제를 찾아서 대화에 참여하고 대화를 이어가기, 칭찬하기와 하얀 거짓말하기' 등 사회적인 대화기술을 배울 수 있습니다.

두 번째는 보다 높은 수준의 친사회적 대인관계기술을 다루는 '좋은 친구가 되어요'입니다. 이 장에서는 '위로하기, 비밀 지키기, 나누어 쓰기, 협동하기, 친구의 잘못을 눈감아주기, 양보하기' 등과 같은 좀 더 어려운 수준의 사회적인 기술을 배울 수 있습니다.

마지막으로 세 번째는 문제행동 및 사회적으로 부적절한 행동을 조절하는 것을 목표로 하는 '이런 행동은 No!'입니다. 이 장은 '청결 유지하기, 분노 조절하기, 욕하거나 다른 친구를 때리지 않기' 등 사회적으로 용인받는 아이가 되기 위해서 가장 시급하게 조절되어야 하는 내용들을 담고 있습니다. 이 장에 나오는 에피소드가 우리 아이에게 해당된다면 다른 부분에 앞서 먼저 적용해주시고, 만일 아이가 지속적으로 이런 문제를 보인다면 전문가의 상담을 받아보시는 것도 좋은 방법입니다.

모든 에피소드를 순차적으로 적용하기보다는 아이의 필요에 따라 순서를 조절하여 제시하는 것을 추천합니다.

상황그림

'상황그림'은 아이가 볼 수 있도록 제시해주세요. 아이가 질문지를 보면서 답하게 되면 주의가 흐트러지거나 다른 문제들을 보고 답을 찾을 수 있으니 질문지의 내용은 선생님이나 부모님께서 보면서 문제를 읽어주시는 것이 좋습니다. 이를 위해 그림 부분은 절취할 수 있도록 제작하였습니다. 그림을 아이가 보게 하고 뒷면의 질문지는 마주 앉은 선생님 또는 부모님께서 보면서 소리 내어 읽어주세요.

질문

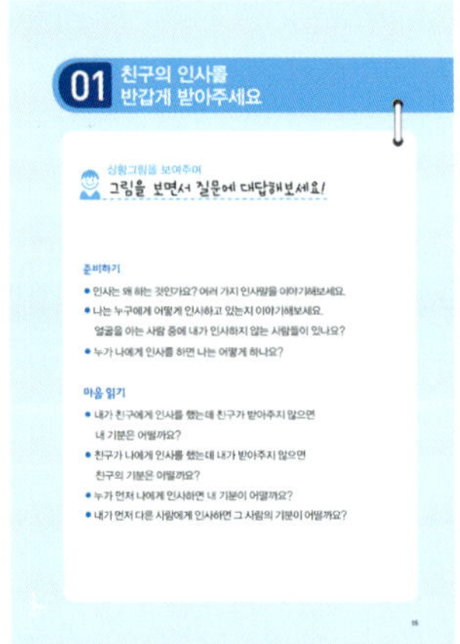

'준비하기'는 각 에피소드와 관련된 경험을 묻는 질문, 에피소드에 나오는 어휘의 의미를 확인하는 질문, 내용 이해를 돕는 질문들로 구성하였습니다. 상황을 이해하는 데 어려움을 주는 어휘나 표현이 있는지 미리 확인하셔서 아이에게 의미를 설명해주세요. 또 아이가 에피소드와 비슷한 자신의 경험을 떠올려 보다 실제적인 도움이 될 수 있도록 준비시켜 주세요.

'마음 읽기'는 다른 사람의 생각과 느낌, 의견, 기분에 대한 이해를 돕는 질문으로 구성하였습니다. 아이가 타인의 마음을 이해하지 못한다면 먼저 자신의 상황에 대입시켜 보도록 도와주세요.

'이야기질문'은 가정, 학교, 또래관계 등에서 실제로 일어날 수 있는 상황을 이야기로 구성하였습니다. 주인공의 행동에 따라 주변 사람들의 반응이 어떠한지 함께 살펴보고, 왜 그런지 생각해볼 수 있도록 유도해주세요. 이러한 상황에서 어떻게 행동하는 게 좋을지도 함께 이야기 나누어보세요.

'적용하기'는 한 걸음 더 나아가 목표 행동을 습득하는 데 필요한 과제들로 구성하였습니다.

세부적인 목표 행동들을 함께 설정하고, 여러 가지 상황을 제시하여 직접 연습해볼 수 있도록 하였습니다. 아이가 실제로 겪을 수 있는 다양한 상황을 덧붙여 제시하여 주시고, 목표행동이 지속될 수 있도록 함께 계획을 세워보세요.

생각풍선

'생각풍선 채우기'는 이야기 질문에 나왔던 주인공의 생각을 추측해보고 직접 글로 써보는 활동지입니다. 먼저 나의 생각과 타인의 생각이 다를 수 있음을 이해시켜 주세요. 그리고 여러 가지 단서를 주셔서 다른 사람은 이런 상황에서 어떤 생각을 할지 추론하도록 도와주세요. 이러한 활동이 사회적 상황을 해석하고 갈등상황을 해결하는 데 도움을 줄 수 있습니다.

연습 기록지

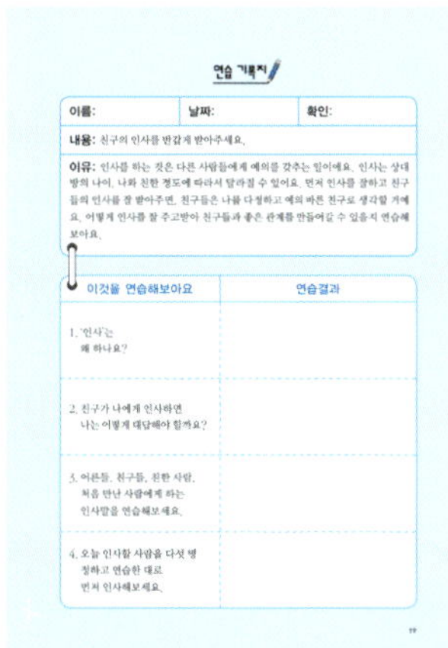

'연습 기록지'는 아이가 혼자서 또는 부모님과 함께 배운 내용을 복습할 수 있도록 구성하였습니다. 최대한 아이 스스로 할 수 있게 도와주시고, 함께 검토해보시면서 아이가 이해하지 못한 부분이 있는지 확인해주세요.

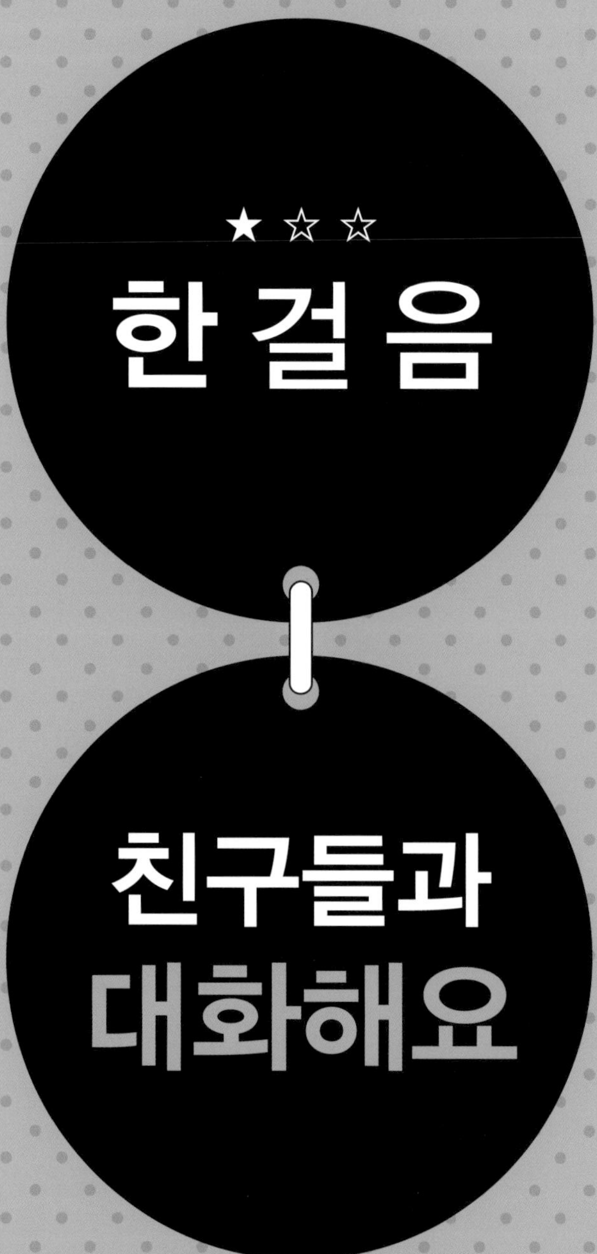
한 걸음
친구들과
대화해요

그림을 보면서 질문에 대답해보세요!

준비하기

- 인사는 왜 하는 것인가요? 여러 가지 인사말을 이야기해보세요.
- 나는 누구에게 어떻게 인사하고 있는지 이야기해보세요.

  얼굴을 아는 사람 중에 내가 인사하지 않는 사람들이 있나요?
- 누가 나에게 인사를 하면 나는 어떻게 하나요?

마음 읽기

- 내가 친구에게 인사를 했는데 친구가 받아주지 않으면 내 기분은 어떨까요?
- 친구가 나에게 인사를 했는데 내가 받아주지 않으면 친구의 기분은 어떨까요?
- 누가 먼저 나에게 인사하면 내 기분이 어떨까요?
- 내가 먼저 다른 사람에게 인사하면 그 사람의 기분이 어떨까요?

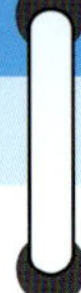

이야기질문

- 현서와 희태는 둘 다 예꿈유치원에 다녀요. 현서와 희태는 같은 반이지만 친한 사이는 아니에요. 유치원이 끝나고 희태는 엄마와 마트에 가서 아이스크림을 샀어요. 희태와 엄마가 마트에서 나오는 길에 현서와 마주쳤어요. 현서는 희태에게 "어? 우리 반 친구네~, 안녕?" 하고 반갑게 인사했어요. 희태는 현서와 친하지 않아서 인사하지 않았어요. 그 뒤로 현서는 유치원에서도 길거리에서도 희태를 만나면 인사하지 않아요. 현서는 왜 희태에게 인사하지 않을까요?

적용하기

- 내가 인사를 해야 할 사람과 하지 않아도 될 사람은 누가 있는지 말해보세요.
- 친구가 내 인사를 받아주지 않을 때 어떻게 하면 좋을까요?
- 인사를 할 상대를 이야기해보고 상대에 맞는 인사말을 연습해보세요.

 친구들에게 관심이 없거나 어떤 사람에게 인사를 해야 하는지 경계가 모호한 아이들을 위한 에피소드입니다. 친구들이 인사해도 받아주지 않는 아이들, 먼저 인사를 하지 않는 아이들에게 인사의 필요성을 알려주세요. 또한 모르는 사람들에게 갑자기 인사해서 상대방을 당황하게 하는 아이라면 같은 반 친구들 또는 말을 나누어본 친구들 등으로 인사할 상대방을 정하도록 도와주세요.

다음 그림을 보면서 질문에 대답해보세요.

지금까지 함께 이야기 나눈 내용을
잘 생각해보고, 생각풍선을 채워보세요.

연습 기록지

이름:	날짜:	확인:

내용: 친구의 인사를 반갑게 받아주세요.

이유: 인사를 하는 것은 다른 사람들에게 예의를 갖추는 일이에요. 인사는 상대방의 나이, 나와 친한 정도에 따라서 달라질 수 있어요. 먼저 인사를 잘하고 친구들의 인사를 잘 받아주면, 친구들은 나를 다정하고 예의 바른 친구로 생각할 거예요. 어떻게 인사를 잘 주고받아 친구들과 좋은 관계를 만들어갈 수 있을지 연습해보아요.

이것을 연습해보아요	연습결과
1. '인사'는 왜 하나요?	
2. 친구가 나에게 인사하면 나는 어떻게 대답해야 할까요?	
3. 어른들, 친구들, 친한 사람, 처음 만난 사람에게 하는 인사말을 연습해보세요.	
4. 오늘 인사할 사람을 다섯 명 정하고 연습한 대로 먼저 인사해보세요.	

이렇게 연습해보아요	잘했어요	어려웠어요
무엇을 배웠는지 다시 한번 생각해보세요.		
내가 생각해낸 방법대로 해도 좋을지 다른 사람들 (친구들, 선생님, 가족)과 함께 이야기해보세요.		
오늘 연습한 결과가 어떠했는지 '연습결과' 칸에 적어보세요.		

연습하고 달라졌어요

1. '인사'가 무엇인지 이해했나요?	예	아니요
2. 상대방과 상황에 따라 바르게 인사할 수 있나요?	예	아니요
3. 친구가 인사할 때 적절하게 인사를 받아줄 수 있나요?	예	아니요

확인 문제

✽ 내가 기분이 많이 안 좋을 때 친구가 인사하면 어떻게 할까요?

① 대답하기 싫으니까 가만히 있을 거예요.
계속 인사를 하면 '저리 가'라고 말해요.
② 대답하기 싫지만 친구가 먼저 인사했으니까 나도 '안녕'이라고 말해요.
친구가 계속 말을 걸면 나는 지금 기분이 좋지 않으니까 다음에 이야기하자고 말해요.

02 어떤 질문은 친구를 당황하게 해요

그림을 보면서 질문에 대답해보세요!

준비하기

- 나는 처음 만난 친구에게 무엇이 궁금한가요? 또는 어떤 질문을 하나요?
- 처음 만나는 사람에게 나는 어떤 질문을 받아봤나요?
- 친구에게 알려주고 싶지 않은 것이 있나요?
- 내가 질문했을 때 친구가 싫어하거나 당황한 적이 있다면 이야기해보세요.

마음 읽기

- 처음 만나는 친구가 내 몸무게를 물어보면 내 기분이 어떤가요?
- 친하지 않은 친구가 우리 집의 크기나 아빠의 연봉을 물어보면 기분이 어떨까요?
- 친구가 나한테 우리 집 현관 비밀번호를 물어본다면 기분이 어떨까요?
- 내가 이런 질문들을 친하지 않은 친구들에게 한다면 친구는 기분이 어떨까요?

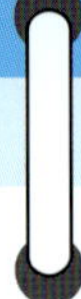

이야기질문

- 올해 입학하게 된 태호는 엄마한테 새 친구를 만나면 반갑게 인사하고 말도 걸어주라고 배웠습니다. 태호는 첫 짝꿍이 된 범일이가 마음에 듭니다. 태호는 반가운 마음에 범일이에게 먼저 인사했습니다. 그리고 범일이와 친해지고 싶어서 "너희 아빠 연봉이 얼마야?" 하고 질문을 했습니다. 그러자 범일이는 당황한 표정을 지었습니다. 범일이는 왜 당황한 표정을 지었을까요?

적용하기

- 친구를 처음 만났을 때 할 수 있는 질문들을 생각해보세요.
- 처음 만나는 친구가 나에게 하지 않았으면 하는 질문이 있나요?
- 친할 때 할 수 있는 질문과 친하지 않을 때 할 수 있는 질문을 몇 가지 생각해보세요.
- 다음 중 내가 친구들에게 말해주어도 되는 것과 조심해야 할 것을 말해보세요.
→ 집 주소, 집 비밀번호, 전화번호, 주민등록번호, 내 비밀, 취미, 학교 성적, 인터넷 아이디와 비밀번호, 내 생일, 가족관계, 몸무게, 아빠의 월급 액수

 처음 만나는 친구들, 친하지 않은 친구들에게 지극히 개인적인 내용을 질문하거나 개인적인 내용을 전하는 것을 주의시켜 주세요. 친한 정도에 따라 또는 믿을 만한 사람인지에 따라 어떤 것에 대해 질문할 수 있는지, 어떤 정보를 전해줄 것인지를 함께 정해보세요. 또한 아동이 지나치게 개인적인 질문 외에도 상대방에게 맞지 않는 엉뚱한 질문(예: 처음 만나는 사람에게 아파트 몇 층에 사는지 물어보는 것)을 한다면, 보다 적절한 질문으로 바꾸는 연습을 해주세요.

다음 그림을 보면서 질문에 대답해보세요.

지금까지 함께 이야기 나눈 내용을
잘 생각해보고, 생각풍선을 채워보세요.

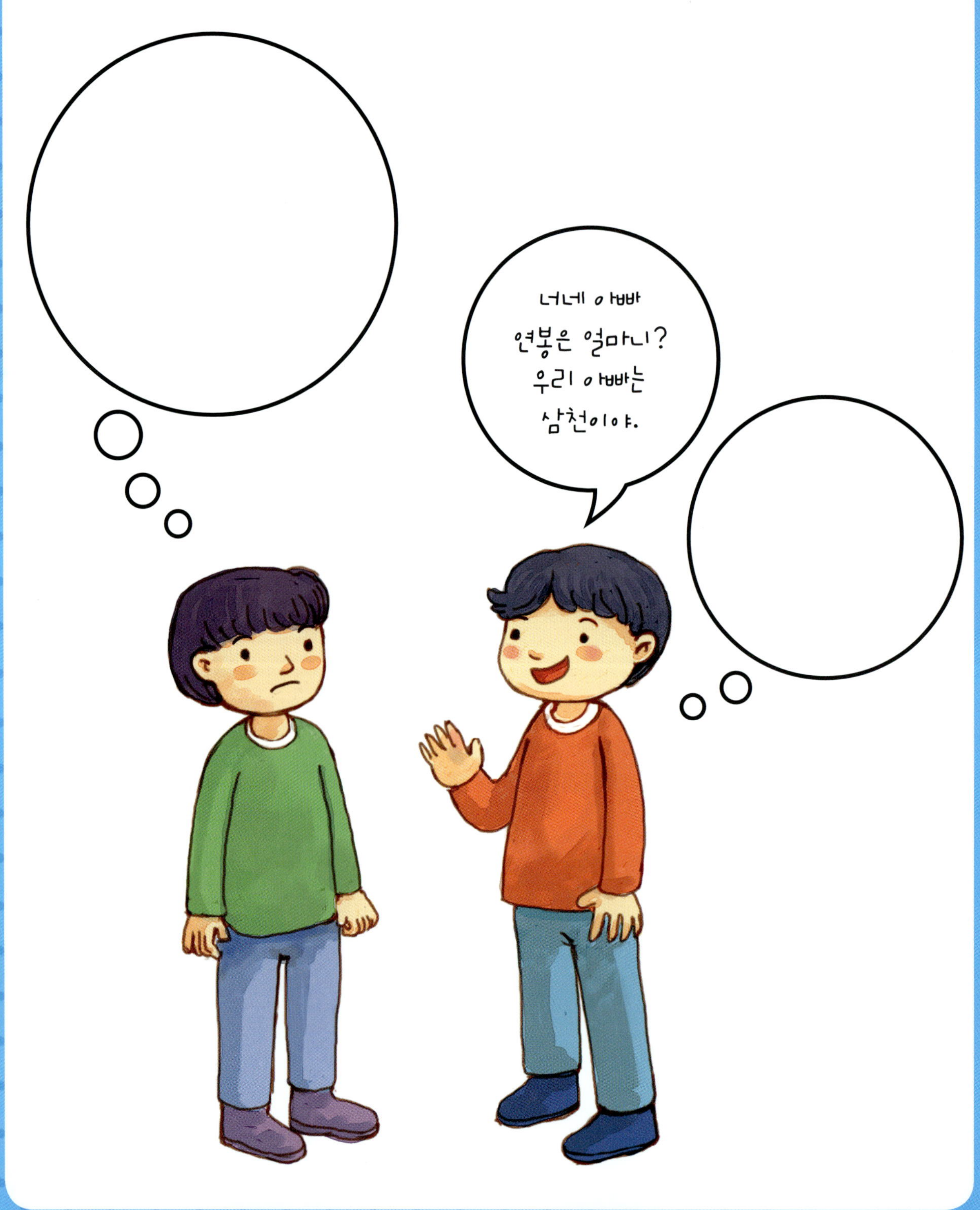

연습 기록지

이름:	날짜:	확인:

내용: 어떤 질문은 친구를 당황하게 해요.

이유: 친구를 처음 만났을 때는 알고 싶은 것이 많아요. 처음 만난 친구와 이름, 학교, 집, 취미 같은 것들을 서로 물어보면서 친해질 수 있어요. 그런데 어떤 질문들은 친하지 않을 때 물어보면 친구를 당황하게 만들 수도 있답니다. 아직 친하지 않은 친구에게는 어떤 질문을 할 수 있고, 더 친해진 후에는 어떤 질문을 할 수 있는지 연습해보아요.

이것을 연습해보아요	연습결과
1. 친구와 내가 친한지 안 친한지 어떻게 알 수 있을까요?	
2. 처음 만난 친구에게 할 수 있는 질문 세 가지를 생각해 보세요.	
3. 처음 만난 친구에게 하면 안 되는 질문 세 가지를 생각해 보세요.	
4. 처음 만난 친구에게 알려주면 안 되는 것 세 가지를 생각해 보세요.	

이렇게 연습해보아요	잘했어요	어려웠어요
무엇을 배웠는지 다시 한번 생각해보세요.		
내가 생각해낸 방법대로 해도 좋을지 다른 사람들 (친구들, 선생님, 가족)과 함께 이야기해보세요.		
오늘 연습한 결과가 어떠했는지 '연습결과' 칸에 적어보세요.		

연습하고 달라졌어요

1. 친한 친구와 안 친한 친구를 구별할 수 있었나요?	예	아니요
2. 처음 만난 친구에게 할 수 있는 질문을 이해했나요?	예	아니요
3. 처음 만난 친구에게 하면 안 되는 질문을 이해했나요?	예	아니요

확인 문제

✽ 친구를 처음 만났어요. 어떤 질문을 먼저 할까요?

① 안녕! 우리 아파트는 12층인데, 너희 아파트는 몇 층이니?
② 안녕! 나는 김민규야. 네 이름은 뭐니?

그림을 보면서 질문에 대답해보세요!

준비하기

- 칭찬은 무엇인가요?

- 칭찬은 왜 좋은가요?

- 듣는 사람의 기분을 좋게 하는 말에는 어떤 것이 있을까요?

- 듣는 사람의 기분을 나쁘게 할 수 있는 말에는 어떤 것이 있을까요?

마음 읽기

- 친구가 나에게 못생겼다고 말하면 내 기분이 어떨까요?

- 내가 친구에게 못생겼다고 말하면 친구의 기분이 어떨까요?

- 친구가 나를 칭찬하면 나의 기분이 어떨까요?

- 내가 친구를 칭찬하면 친구의 기분이 어떨까요?

이야기질문

- 도연이는 지은이를 좋아해요. 그래서 지은이와 친해지고 싶어요. 지은이가 예쁘게 파마를 하고 왔기에 칭찬을 해주려고 고민하다가 "너 머리가 참 돼지 꼬리 같구나!"라고 이야기했어요. 그런데 지은이가 화를 내고 가버렸어요. 도연이가 칭찬을 해주었는데 지은이는 왜 화가 났을까요?

적용하기

- 내가 좋아하는 친구를 한 명 생각해서 그 친구의 장점을 찾아보세요.
- 친구를 칭찬하는 말을 세 가지 생각해보고 직접 말해보세요.
- 나는 어떤 칭찬을 받고 싶은지 생각해보세요.

칭찬을 한다는 것은 생각처럼 쉽지 않습니다. 상대방의 장점을 찾아내는 것도 어려운 일이지만 그것을 적절한 말로 표현하는 것은 더더욱 어려울 수 있습니다. 또한 칭찬이 의례적 표현으로 들리지 않으려면 자연스러운 억양, 운율 및 다양한 비언어적 표현(표정, 제스처 등)이 동반되어야 합니다. 우리 아이들에게 칭찬의 중요성을 이해시켜 주시고 직접 칭찬을 해볼 수 있도록 단계적으로 가르쳐주세요.

다음 그림을 보면서 질문에 대답해보세요.

지금까지 함께 이야기 나눈 내용을
잘 생각해보고, 생각풍선을 채워보세요.

연습 기록지

이름:	날짜:	확인:

내용: 칭찬은 친구의 기분을 좋게 해요.

이유: 친구들은 칭찬받는 것을 좋아해요. 칭찬을 받으면 다른 사람이 나에게 관심이 있고, 나를 사랑해주고 인정해준다는 생각이 들어서 기분이 좋을 거예요. 하지만 어떤 말들은 내가 진심으로 칭찬해주려는 마음으로 표현했어도, 오히려 친구의 기분을 나쁘게 할 때도 있답니다. 어떻게 칭찬을 하면 듣는 사람이 기뻐할지 연습해보아요.

이것을 연습해보아요	연습결과
1. '칭찬'이란 무엇인가요?	
2. 내가 좋아하는 친구를 한 명 생각해서 그 친구의 장점을 찾아보세요.	
3. 친구를 칭찬하는 말을 세 가지 생각해보세요.	
4. 친구에게 직접 찾아가 칭찬을 해보세요.	

이렇게 연습해보아요	잘했어요	어려웠어요
무엇을 배웠는지 다시 한번 생각해보세요.		
내가 생각해낸 방법대로 해도 좋을지 다른 사람들 (친구들, 선생님, 가족)과 함께 이야기해보세요.		
오늘 연습한 결과가 어떠했는지 '연습결과' 칸에 적어보세요.		

연습하고 달라졌어요

1. '칭찬'이 무엇인지 이해했나요?	예	아니요
2. 친구의 장점을 잘 찾을 수 있나요?	예	아니요
3. 적절한 말로 칭찬할 수 있나요?	예	아니요

확인 문제

✱ 다음 중 듣는 사람의 기분이 나쁠 수도 있는 칭찬은 무엇일까요?

　① 너는 대가리가 동글동글해서 예쁘다.
　② 너 아까 달리기할 때 진짜 빠르더라.

상황그림을 보여주며
그림을 보면서 질문에 대답해보세요!

준비하기

- 대화할 때는 어떤 태도를 취해야 하나요?

- 대화를 방해하는 행동에는 어떤 것들이 있을까요?

- 친구가 내 얘기에 집중하고 있는지 아닌지 어떻게 알 수 있나요?

마음 읽기

- 내가 얘기할 때 친구가 휴대폰 게임만 한다면 내 마음이 어떨까요?

- 친구가 얘기할 때 내가 휴대폰 게임만 한다면 친구의 마음이 어떨까요?

- 대화하는데 친구가 내 눈을 한 번도 보지 않는다면 내 마음이 어떨까요?

- 대화하는데 내가 친구 눈을 한 번도 보지 않는다면 친구 마음이 어떨까요?

이야기질문

 수연이와 지혜는 새로 짝이 되었어요. 수연이는 지혜와 친해지고 싶어서 점심시간에 지혜에게 말을 걸었어요. 그런데 지혜는 휴대폰 게임이 너무 재미있어서 수연이의 얼굴을 볼 수가 없었어요. 수연이가 지혜에게 "넌 어디 사니?"라고 물었을 때, 마침 지혜는 게임에서 높은 점수를 획득하여 "앗싸!"라고 외친 다음 "뭐라고 했어?"라고 수연이에게 물어보았어요. 수연이는 "됐어!"라고 대답한 다음 지혜가 어디 사는지를 더 이상 물어보지 않았어요. 수연이는 왜 지혜에게 "됐어!"라고 대답했을까요?

적용하기

● 선생님께 집중하며 3분 동안 대화를 나눠보세요.

● 내가 대화에 집중하기 위해 고쳐야 할 행동이 있는지 생각해보세요.

● 대화에 집중하기 위해 필요한 행동들을 정해보고, 다른 사람과 대화 후에 잘 지켰는지 체크해보세요.

 대화에 집중하지 못하거나 부적절한 대화 태도를 가진 아이들을 위한 에피소드입니다. 자세, 표정, 눈 맞춤 등 비언어적 요소가 대화에 미치는 영향이 크다는 것을 아이들이 이해할 수 있도록 도와주세요. 아이와 대화하는 영상을 촬영한 다음 함께 보며 자신의 모습이 어떤지 확인하게 하는 것도 좋은 방법 중 하나입니다. 대화할 때 바른 자세란 어떤 것인지 함께 정해보시고, 아이가 스스로 잘 지켰는지 확인하는 과정을 통해 대화를 방해하는 행동을 줄여나가도록 도와주세요.

다음 그림을 보면서 질문에 대답해보세요.

지금까지 함께 이야기 나눈 내용을
잘 생각해보고, 생각풍선을 채워보세요.

이름:	날짜:	확인:

내용: 친구랑 얘기할 때는 친구에게 집중해주세요.

이유: 다른 사람이 이야기를 할 때에는 그 친구를 쳐다보며 귀를 기울여야 해요. 친구가 이야기할 때 딴짓을 하거나 다른 곳만 쳐다보면 친구는 내가 자기의 말을 무시한다고 생각할 수 있어요. 친구들과 이야기할 때 좋은 태도는 어떤 것인지 생각해보아요.

이것을 연습해보아요	연습결과
1. '집중'이 무엇인가요?	
2. 친구가 말하는 동안 나는 친구를 쳐다볼 수 있나요?	
3. 친구가 말하는 동안 대화에 방해되는 행동을 하지 않을 수 있나요?	
4. 딴생각을 하다가 친구의 말을 못 들었을 때, 뭐라고 말하면 좋을까요?	

이렇게 연습해보아요	잘했어요	어려웠어요
무엇을 배웠는지 다시 한번 생각해보세요.		
내가 생각해낸 방법대로 해도 좋을지 다른 사람들 (친구들, 선생님, 가족)과 함께 이야기해보세요.		
오늘 연습한 결과가 어떠했는지 '연습결과' 칸에 적어보세요.		

연습하고 달라졌어요

1. '집중'이 무엇인지 이해했나요?	예	아니요
2. 친구가 말을 할 때 집중해서 들어줄 수 있나요?	예	아니요
3. 친구의 말에 적절하게 대답할 수 있나요?	예	아니요

확인 문제

✽ 다음 중 대화에 집중하고 있는 사람은 누구일까요?

   ① 철수는 휴대폰으로 게임을 하며 영희의 말을 들었어요.
   ② 수지는 영희의 말에 고개를 끄덕이며 맞장구를 쳤어요.

친구들의 대화에 함께하고 싶어요

상황그림을 보여주며

그림을 보면서 질문에 대답해보세요!

준비하기

- 함께 대화를 나눈다는 것은 어떤 의미일까요?
- 친구들은 주로 어떤 이야기들을 나누나요?
- 친구들이 이야기하고 있는데 내가 말을 했더니 갑자기 대화가 멈춘 적이 있나요?

마음 읽기

- 친구들이 만화영화에 대해 이야기하고 있는데 내가 갑자기 다른 이야기를 꺼낸다면 친구들은 어떤 생각이 들까요?
- 친구들이랑 만화영화에 대해 이야기하고 있는데 어떤 친구가 갑자기 다른 이야기를 꺼낸다면 나는 어떤 생각이 들까요?

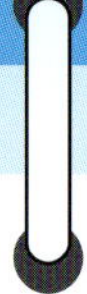

이야기질문

● 지웅이가 생일 선물로 받은 로봇 장난감을 가지고 왔어요. 친구들은 로봇 장난감을 좋아해요. 지웅이는 친구들에게 이 로봇이 얼마나 멋진지 이야기해주었어요. 친구들은 지웅이 주변에 모여 로봇을 구경하고 자기들이 가진 로봇 이야기도 했어요. 지웅이와 친구들이 로봇 이야기를 하고 있는데 성현이가 갑자기 끼어들어서 친구들에게 자신의 분홍토끼 인형이 샛노란 티셔츠를 입은 것이 얼마나 깜찍한지 이야기해주었어요. 그러자 친구들은 한 명씩 자리를 떠나기 시작어요. 아직 분홍토끼 인형 이야기가 끝나지 않았는데 친구들은 왜 이야기를 듣다가 가버린 걸까요?

적용하기

● 친구들이 말하고 있는 내용과 내가 말하고 싶은 것이 다를 때는 어떻게 해야 할까요? (주제를 전환할 때 사용할 수 있는 표현의 예: 그런데/있잖아/그건 그렇고)
● 새로운 대화 주제를 꺼내기에 좋은 순간은 언제일까요?
● 한 가지 대화 주제가 끝나간다는 것을 어떻게 알 수 있을지 생각해보세요.

 부적절한 주제 개시는 대화의 흐름을 깰 수 있습니다. 결속력 있는 대화를 위해서는 친구들이 이야기하고 있는 주제가 무엇인지 파악하여 그 주제에 대해 함께 이야기하거나 자신이 개시하고자 하는 주제로 부드럽게 전환시키는 것이 필요합니다. 화용능력이 떨어지는 아이들이 대화의 흐름을 깨고 갑자기 엉뚱한 말을 한다는 느낌을 주는 것도 이러한 문제 때문입니다. 새로운 이야기를 꺼내기 전에 지금 나누고 있는 대화의 주제가 무엇인지 파악해야 하며 그 주제에 대한 이야기가 끝나는 시점도 파악해야 한다는 것을 알려주세요. 부적절한 주제 개시가 잦은 아동이라면 그때마다 직·간접적으로 피드백을 주세요(예: '선생님은 지금 어제 있었던 일에 대해서 이야기하고 있는데', '지금 무슨 이야기를 하고 있었지?'). 또한 주제를 전환할 때 필요한 표현에 대해 가르쳐주세요(예: 그 로봇 멋있다. 그런데 난 어제 토끼인형을 샀는데……).

다음 그림을 보면서 질문에 대답해보세요.

지금까지 함께 이야기 나눈 내용을
잘 생각해보고, 생각풍선을 채워보세요.

연습 기록지

이름:	날짜:	확인:

내용: 친구랑 얘기할 때는 친구에게 집중해주세요.

이유: 다른 사람이 이야기를 할 때에는 그 친구를 쳐다보며 귀를 기울여야 해요. 친구가 이야기할 때 딴짓을 하거나 다른 곳만 쳐다보면 친구는 내가 자기의 말을 무시한다고 생각할 수 있어요. 친구들과 이야기할 때 좋은 태도는 어떤 것인지 생각해보아요.

이것을 연습해보아요	연습결과
1. 말할 때 친구의 표정에 관심을 가져보세요.	
2. 친구들이 하는 이야기를 듣고 주제가 무엇인지 생각해보세요.	
3. 친구들과 한 가지 주제로 3분 이상 대화를 나눠보세요.	
4. 친구들의 대화에 자연스럽게 끼어들어 보세요.	

이렇게 연습해보아요	잘했어요	어려웠어요
무엇을 배웠는지 다시 한번 생각해보세요.		
내가 생각해낸 방법대로 해도 좋을지 다른 사람들 (친구들, 선생님, 가족)과 함께 이야기해보세요.		
오늘 연습한 결과가 어떠했는지 '연습결과' 칸에 적어보세요.		

연습하고 달라졌어요

1. 친구의 표정과 몸짓을 살펴보며 말할 수 있나요?	예	아니요
2. 친구들 말의 주제가 무엇인지 찾을 수 있나요?	예	아니요
3. 친구들의 대화에 자연스럽게 끼어들 수 있나요?	예	아니요

확인 문제

✱ 현민이의 말에 자연스럽게 대답한 친구는 누구인가요?

　　현민: "어제 내가 수족관에 다녀왔는데 고래가 너무 멋졌어!"

　　① "우와! 나도 고래 좋아하는데. 좋았겠다!"
　　② "공룡 중에서는 트리케라톱스가 짱이지."

그림을 보면서 질문에 대답해보세요!

준비하기

- 비꼬아 말한다는 것은 어떤 의미일까요?
- '잘했다'는 말을 칭찬하는 의미로 사용할 때는 어떤 표정과 어조로 말할까요?
- '잘했다'는 말을 꾸중하는 의미로 사용할 때는 어떤 표정과 어조로 말할까요?

마음 읽기

- 내가 친구에게 '잘한다'라고 비꼬아 말했는데 친구가 고맙다고 한다면 나는 어떤 생각이 들까요?
- 친구가 나에게 '잘한다'라고 비꼬아 말했는데 내가 고맙다고 한다면 친구는 어떤 생각이 들까요?
- 친구가 내가 한 말의 진짜 뜻을 이해하지 못한다면 나는 어떤 생각이 들까요?
- 내가 친구가 한 말의 진짜 뜻을 이해하지 못한다면 친구는 어떤 생각이 들까요?

이야기질문

- 현수는 어제 주스를 마시다가 컵을 떨어뜨려 그만 깨뜨리고 말았어요. 현수 어머니는 현수가 부주의하게 실수한 것을 꾸짖으시며 "쯧쯧. 조심하라 했더니 잘~했다"라고 말씀하셨습니다. 현수는 오늘 우유를 마시다가 어제 어머니께서 '잘했다'고 하신 말씀이 생각나서, 어머니께 칭찬을 많이 받으려고 일부러 엄마가 아끼는 컵을 깨뜨렸습니다. 그러자 어머니께서는 현수의 행동에 크게 놀라셨습니다. 어머니는 왜 놀라셨을까요?

적용하기

- 엄마가 인상을 쓰시며 '잘했다'라고 하시면, 나는 어떻게 반응해야 할까요?
- 어떤 말이 좋은 의미인지 나쁜 의미인지 알기 위해서는 말하는 사람의 표정과 어조를 살펴야 해요. 좋은 의미일 때와 나쁜 의미일 때 표정과 어조가 어떨지 생각해보세요.
- 다음 말이 서로 다른 의미를 가질 수 있는 상황을 선생님과 함께 이야기해 보세요.

→ 잘했다. 한 번만 더 해 봐. 내가 너한테 몇 번 말했니? 몰라, 미워.

 말을 하는 상황, 화자의 표정, 말의 억양에 따라 이중적인 의미를 가질 수 있는 표현들을 알려주세요. 상황 단서와 준언어적/비언어적 단서를 통해 말의 뜻을 이해하도록 연습시켜 주시고, 아이가 직접 표현해볼 수 있도록 도와주세요. 이러한 표현을 들려주시고 의미를 잘 이해했는지 물어보시는 것도 좋습니다. 그리고 아동이 그러한 표현을 들었을 때 적절하게 반응하는 방법에 대해서도 이야기해주세요.

다음 그림을 보면서 질문에 대답해보세요.

지금까지 함께 이야기 나눈 내용을
잘 생각해보고, 생각풍선을 채워보세요.

연습 기록지

이름:	날짜:	확인:

내용: 어떤 말은 여러 가지 의미가 있어요.

이유: 같은 말이라도 하는 사람의 표정, 말투, 몸짓 등에 따라 다양한 의미를 담고 있을 수 있어요. 그렇기 때문에 다른 사람이 진짜 하고 싶은 말을 알기 위해서는 말뿐 아니라 그 사람의 표정, 말투, 몸짓, 상황과 같은 단서를 이해해야 하고, 그 말이 사용되는 맥락을 이해할 수 있어야 해요.

이것을 연습해보아요	연습결과
1. '비꼬아 말하는 것'은 무엇일까요?	
2. 다른 사람이 비꼬아 말하는 것인지, 아닌지 구분해보세요.	
3. 내가 유리를 깼는데 엄마가 '잘했다'라고 하셨어요. 어떤 의미일까요?	
4. 내가 친구에게 과자를 주지 않았을 때 '너 다 먹어'라고 말했어요. 어떤 의미일까요?	

이렇게 연습해보아요	잘했어요	어려웠어요
무엇을 배웠는지 다시 한번 생각해보세요.		
내가 생각해낸 방법대로 해도 좋을지 다른 사람들 (친구들, 선생님, 가족)과 함께 이야기해보세요.		
오늘 연습한 결과가 어떠했는지 '연습결과' 칸에 적어보세요.		

연습하고 달라졌어요

1. 비꼬아 말하는 것의 의미를 알고 있나요?	예	아니요
2. 다른 사람이 말하는 것이 비꼬아 말하는 것인지, 아닌지 알 수 있나요?	예	아니요
3. 비꼬는 말의 진짜 의미를 알 수 있나요?	예	아니요

확인 문제

✻ 어른께 반말을 했을 때 "넌 참 예의가 바르구나. 그런 말은 누구한테 배웠니?" 라고 말씀하시면 뭐라고 대답할까요?

① 엄마, 아빠한테 배웠어요.
② 죄송합니다.

 상황그림을 보여주며

그림을 보면서 질문에 대답해보세요!

준비하기

- 대화한다는 것은 어떤 의미일까요?
- 내가 계속 이야기하고 싶은 주제가 있나요?
- 대화할 때 내 이야기만 한다면 어떻게 될까요?

마음 읽기

- 친구가 내 말은 듣지 않고 자기가 하고 싶은 이야기만 한다면 내 기분이 어떨까요?
- 내가 친구의 말을 듣지 않고 내가 하고 싶은 이야기만 한다면 친구의 기분이 어떨까요?
- 친구가 내가 좋아하는 것에 대해 함께 이야기 나눈다면 내 기분이 어떨까요?
- 내가 친구가 좋아하는 것에 대해 함께 이야기 나눈다면 친구의 기분이 어떨까요?

이야기질문

- 병태는 우주에 관심이 많습니다. 병태는 친구들을 만나 오늘 읽은 '우주의 탄생' 책에 대해 이야기했습니다. 새로 알게 된 내용이 많아서 할 이야기가 너무 많았습니다. 병태가 이야기를 마치자 현서가 아이돌 가수 이야기를 꺼냈습니다. 그런데 병태는 아까 못 한 우주 이야기가 생각났습니다. 그래서 한참 동안이나 이야기를 하였습니다. 병태의 말이 끝나고 현서가 다시 이야기를 시작하자, 병태는 또 우주 이야기가 생각나서 한참을 이야기했습니다. 현서와 친구들은 더 이상 병태와 이야기하고 싶지 않다고 말했습니다. 왜 그랬을까요?

적용하기

- 친구들이 내 이야기를 지루해한다는 걸 어떻게 알 수 있을까요?
- 친구들과 대화할 때 내 얘기만 하지 않으려면 어떻게 해야 할까요?
- 내가 하고 싶은 이야기 중에서 친구들이 좋아할 만한 이야기와 좋아하지 않을 만한 이야기가 무엇인지 생각해보세요.

 한 가지 분야에 몰두하는 아이들의 경우, 대화 상대자의 흥미를 고려하지 않고 관심 있는 주제에 대해 장황하게 이야기하는 경우가 종종 있습니다. 자신이 좋아하는 대화 주제를 친구들도 좋아할지 생각해봄으로써, 타인의 관심을 고려한 이야기 주제를 선택할 수 있도록 도와주세요. 대화를 이어가기 위해서 때때로 내가 좋아하지 않는 주제에 대해 이야기해야 한다는 것을 알려주세요. 또한 친구들이 내 이야기를 재미있어하는지 지루해하는지 알 수 있도록 친구들의 반응을 살피는 방법도 알려주세요.

다음 그림을 보면서 질문에 대답해보세요.

지금까지 함께 이야기 나눈 내용을
잘 생각해보고, 생각풍선을 채워보세요.

연습 기록지

이름:	날짜:	확인:

내용: 한 가지 이야기만을 계속하면 친구가 따분해할 수 있어요.

이유: 대화를 잘하는 친구는 자기 이야기만 하는 것이 아니라 친구의 이야기도 잘 들어주어요. 내가 좋아하는 이야기만 계속한다면 친구는 나랑 이야기하는 것을 따분해할 거예요. 반대로 친구가 좋아하는 것에 대해 이야기하거나, 친구의 이야기를 들어준다면 친구는 나랑 이야기하고 싶어 할 거예요. 친구와 즐거운 대화를 유지하려면 어떻게 해야 하는지 연습해보아요.

이것을 연습해보아요	연습결과
1. 친구의 이야기를 잘 듣고 친구의 이야기 내용에 대해 질문해보아요.	
2. 친구가 좋아하는 것을 물어보고 그것에 대해 이야기해보아요.	
3. 친구가 내 이야기에 흥미가 있는지 없는지 어떻게 알 수 있을까요?	
4. 친구가 내 이야기에 흥미가 없다면 나는 어떻게 해야 할까요?	

이렇게 연습해보아요	잘했어요	어려웠어요
무엇을 배웠는지 다시 한번 생각해보세요.		
내가 생각해낸 방법대로 해도 좋을지 다른 사람들 (친구들, 선생님, 가족)과 함께 이야기해보세요.		
오늘 연습한 결과가 어떠했는지 '연습결과' 칸에 적어보세요.		

연습하고 달라졌어요

1. 친구가 내 이야기에 흥미가 있는지 알 수 있나요?	예	아니요
2. 친구가 내 이야기에 흥미가 없다면 어떻게 해야 하는지 알고 있나요?	예	아니요
3. 친구가 말을 할 때 적절한 반응 (질문, 비슷한 경험 이야기)을 할 수 있나요?	예	아니요

확인 문제

✳ 민호의 말에 적절히 반응한 사람은 누구인가요?

민호: 나 어제 친구 생일파티에 다녀왔어.

① 나는 곤충이 좋아. 장수풍뎅이랑 사슴벌레가 그중에서 제일 좋아.

② 와! 정말 좋았겠다. 누구 생일파티였어?

거절할 때는 미안한 마음을 담아요

그림을 보면서 질문에 대답해보세요!

준비하기

- 거절은 무엇인가요?

- 사람들은 어떤 때 거절을 하나요?

- 거절해본 적이 있나요? 어떻게 거절을 했었나요?

마음 읽기

- 친구가 내 부탁을 거절하면 내 마음이 어떨까요?

- 내가 친구의 부탁을 거절하면 친구의 마음이 어떨까요?

- 친구가 내 부탁을 거절하면서 "싫어!"라고 했어요. 그러면 내 마음은 어떨까요?

- 친구가 내 부탁을 거절하면서 미안하다고 하며 거절하는 이유를 말해줬어요. 그러면 내 마음은 어떨까요?

이야기질문

● 오늘은 짝꿍을 바꾸는 날입니다. 석이는 영희와 짝꿍이 되고 싶었습니다. 석이는 일찍 와서 자리를 잡고 영희를 기다렸습니다. 그런데 희정이가 석이에게 와서 "석아, 나 여기 앉아도 돼?" 하고 물어봤습니다. 석이는 "싫어. 너랑은 안 앉을 거야" 하고 말했습니다. 그러자 희정이는 책상에 엎드려서 울고 선생님은 언짢아하셨습니다. 희정이는 왜 우는 걸까요?

적용하기

● 친구가 속상하지 않게 거절하려면 어떻게 해야 할까요?

● 내가 부탁을 들어줄 수 있는 상황과 들어줄 수 없는 상황의 예를 들어보세요.

● 다음 상황에서 거절하는 말을 해보세요.

– 내가 아끼는 색연필이라 친구에게 빌려주고 싶지 않아요.

– 친구가 같이 집에 가자고 하는데 나는 오늘 학교에서 놀다 가고 싶어요.

– 친구가 짝꿍을 하자고 하는데 나는 다른 친구랑 짝꿍을 하고 싶어요.

– 친구가 게임에서 양보해달라고 하는데 나도 꼭 이기고 싶어요.

– 친구가 같은 팀을 하자고 했는데 친구네 팀에 들어가면 질 것 같아요.

 살다 보면 어쩔 수 없이 거절해야 할 일들을 마주치게 됩니다. 지나치게 거절을 하지 못하는 것도 문제이지만, 부탁을 매번 거절하거나 퉁명스럽게 거절한다면 친구들의 마음에 상처를 줄 수 있습니다. 부탁을 들어주어야 하는 상황과 거절해야 할 상황에 대해 아이와 함께 이야기해보시고, 다양한 상황에서 거절할 때 쓸 수 있는 완곡한 표현을 연습시켜 주세요.

다음 그림을 보면서 질문에 대답해보세요.

지금까지 함께 이야기 나눈 내용을
잘 생각해보고, 생각풍선을 채워보세요.

이름:	날짜:	확인:

내용: 거절할 때는 미안한 마음을 담아요.

이유: 친구들은 나의 도움이 필요할 때 도와달라고 부탁을 할 수 있어요. 어떤 때는 친구들의 부탁을 들어줄 수 있지만, 어떤 때는 들어주기 힘들거나 싫을 수 있어요. 어떤 부탁을 들어주어야 하고 어떤 부탁을 거절해야 할지를 생각해보세요. 그리고 부탁을 들어주기 싫을 때는 어떻게 거절하면 좋을지 연습해보아요.

이것을 연습해보아요	연습결과
1. '거절'이란 무엇인가요?	
2. 거절해야 하는 부탁에는 어떤 것들이 있을까요?	
3. 들어줄 수 있는 부탁에는 어떤 것들이 있을까요?	
4. 친구의 부탁을 거절하고 싶을 때는 어떻게 말하면 좋을까요?	

이렇게 연습해보아요	잘했어요	어려웠어요
무엇을 배웠는지 다시 한번 생각해보세요.		
내가 생각해낸 방법대로 해도 좋을지 다른 사람들 (친구들, 선생님, 가족)과 함께 이야기해보세요.		
오늘 연습한 결과가 어떠했는지 '연습결과' 칸에 적어보세요.		

연습하고 달라졌어요

1. '거절'이 무엇인지 이해했나요?	예	아니요
2. 거절해야 하는 부탁과 들어줄 수 있는 부탁을 구별할 수 있나요?	예	아니요
3. 부드러운 표현으로 거절할 수 있나요?	예	아니요

확인 문제

✱ 친구가 같이 공놀이를 하자고 하는데 거절하고 싶을 때는 뭐라고 말할까요?

  ① 미안해. 오늘은 좀 피곤해. 공놀이 다음에 같이 할게.
  ② 싫어. 시시해. 너나 해.

부끄러운 일을 알려줄 땐 조심해서 말해주세요

그림을 보면서 질문에 대답해보세요!

준비하기

- 나는 친구의 말 때문에 부끄러워진 적이 있었나요?

- 내 말 때문에 친구가 부끄러워한 적이 있었나요?

- 다른 사람들이 알면 부끄러운 것들에는 무엇이 있을까요?

마음 읽기

- 친구가 많은 사람들 앞에서 큰 소리로 코딱지 좀 떼라고 하면 내 기분이 어떨까요?

- 내가 많은 사람들 앞에서 큰 소리로 친구에게 눈곱을 떼라고 하면 친구 기분이 어떨까요?

- 나랑 친하지 않은 친구가 나에게 입 냄새가 난다고 하면 내 기분이 어떨까요?

- 내가 친하지 않은 친구에게 머리에서 냄새가 난다고 하면 친구 기분은 어떨까요?

이야기질문

- 지호는 다른 사람들에게 숨김없이 솔직하게 말해요. 지호는 지하철을 타고 가다가 앞에 서 있는 사람의 스타킹에 구멍이 난 것을 보았어요. 지호는 손가락으로 구멍을 가리키며 큰 소리로 구멍이 났다고 말해주었어요. 앞에 서 있던 사람은 얼굴이 빨개지더니 지호를 노려보았어요. 지호는 있는 그대로 솔직하게 말을 해주었는데 그 사람은 왜 지호를 노려보며 화를 내었을까요?

적용하기

- 이야기해주면 상대방이 부끄러워할 만한 일에 대해 말해보세요(예: 입 냄새가 나요. 눈곱이 끼었어요).
- 부끄러운 일을 말해주어야 할 때도 있어요. 그런 때는 언제인가요? 또, 어떻게 알려주는 것이 좋을지 이야기해보세요.
- 같은 말이라도 어떻게 표현하느냐에 따라 기분이 나쁠 수도 있고 그렇지 않을 수도 있어요. 친구가 기분이 나쁘지 않게 말하는 것을 연습해보세요 (어투와 목소리의 크기도 신경 써주세요).
- → 친구에게 입 냄새가 나요. 친구의 머리에 비듬이 있어요. 친구의 바지에 구멍이 났어요. 친구의 양말에 구멍이 났어요. 친구의 이에 고춧가루가 끼었어요. 친구가 어제 목욕을 했는지 궁금해요. 친구 몸에서 된장 냄새가 나서 된장을 먹었는지 궁금해요.

 다른 사람이 보면 부끄러울 만한 일들을 알려줄 때는 조용한 말투로 조심스럽게 알려주어야 함을 이해시켜 주세요. 꼭 지적해줄 것이 있다면 사람들이 없는 곳에서 상대방의 기분이 상하지 않게 알려줄 수 있도록 연습시켜 주세요.

다음 그림을 보면서 질문에 대답해보세요.

지금까지 함께 이야기 나눈 내용을
잘 생각해보고, 생각풍선을 채워보세요.

연습 기록지

이름:	날짜:	확인:

내용: 부끄러운 일을 알려줄 때는 조심해서 말해주세요.

이유: 우리는 모두 부끄러운 일을 다른 사람에게 알리고 싶지 않아요. 나와 내 친구도 그렇지요. 만약 내가 친구의 부끄러운 일을 다른 사람에게 들리도록 말한다면, 친구는 창피하고 속상할 거예요. 친구를 속상하지 않게 하기 위해 어떻게 말해주면 좋을지 생각해보아요.

이것을 연습해보아요	연습결과
1. 부끄러운 일에는 어떤 것이 있나요?	
2. 친구가 다른 사람들 앞에서 나의 부끄러운 점을 이야기한다면 나는 친구에게 뭐라고 말할까요?	
3. 내가 친구의 부끄러운 일을 발견했을 때 어떻게 해야 할까요?	
4. 부끄러운 일을 말해주어야 할 때와 모르는 척해야 할 때는 언제일까요?	

이렇게 연습해보아요	잘했어요	어려웠어요
무엇을 배웠는지 다시 한번 생각해보세요.		
내가 생각해낸 방법대로 해도 좋을지 다른 사람들 (친구들, 선생님, 가족)과 함께 이야기해보세요.		
오늘 연습한 결과가 어떠했는지 '연습결과' 칸에 적어보세요.		

연습하고 달라졌어요

1. 상대방을 부끄럽게 하는 말에는 어떤 것이 있는지 알고 있나요?	예	아니요
2. '부끄러운 일'과 그렇지 않은 일을 구별할 수 있나요?	예	아니요
3. 친구의 부끄러운 일을 다른 사람이 모르게 알려줄 수 있나요?	예	아니요

확인 문제

✽ 다음 중 친구에게만 몰래 이야기해줄 말은 어떤 말인가요?

① 너 콧속에 코딱지가 보여.

② 너 코가 참 예쁘다.

 상황그림을 보여주며

그림을 보면서 질문에 대답해보세요!

준비하기

- 하얀 거짓말은 무엇인가요?
- 모든 거짓말은 나쁜 걸까요?
- 어쩔 수 없이 거짓말을 한 적이 있나요?

마음 읽기

- 못생긴 친구에게 못생겼다고 솔직히 말하면 친구의 기분이 어떨까요?
- 친구가 나한테 못생겼다고 하면 내 기분은 어떨까요?
- 친구가 내가 그린 그림을 별로라고 하면 내 마음이 어떨까요?
- 내가 친구가 만든 블록을 별로라고 하면 친구의 마음이 어떨까요?

이야기질문

- 주호는 동식이네 집에 초대되었습니다. 동식이네 어머니는 주호가 놀러 왔다고 떡볶이와 빙수를 해주셨습니다. 주호는 단 음식을 좋아하는데 떡볶이는 맵고 짰습니다. 동식이 어머니께서 주호에게 "많이 먹으렴. 맛이 어떠니?"라고 물어보시자, 주호는 "이 떡볶이는 별로 맛이 없어요."라고 말했습니다. 그러자 동식이가 기분 나빠 하였습니다. 그 후로 동식이는 주호를 집에 초대하지 않으려고 합니다. 동식이는 왜 주호를 초대하지 않으려 하는 걸까요?

적용하기

- 하얀 거짓말은 언제 해야 하나요? 상황을 이야기해보세요.
- 친구가 못생겼어요. 어떤 하얀 거짓말을 해줄 수 있을까요?
- 친구가 머리를 자르고 와서 어떤지 물어봐요. 잘 어울리지 않는 것 같은데 어떻게 이야기해줘야 할까요?
- 하얀 거짓말 세 가지를 해보세요.

 융통성이 없는 아이들은 상황에 따라 내 생각과는 다른 말을 해야 한다는 것을 이해하는 것이 어려울 수 있습니다. 더욱이 하얀 거짓말은 듣는 사람들의 기분과 입장을 고려해야 할 수 있는 것이기 때문에 어려운 일입니다. 때로는 솔직하게 말하는 것이 듣는 사람의 기분을 상하게 할 수 있음을 이해하도록 도와주세요. 그리고 구체적인 상황의 예를 들어서 그때마다 할 수 있는 하얀 거짓말을 생각해보고 함께 연습해주세요.

다음 그림을 보면서 질문에 대답해보세요.

지금까지 함께 이야기 나눈 내용을
잘 생각해보고, 생각풍선을 채워보세요.

연습 기록지

이름:	날짜:	확인:

내용: 때로는 하얀 거짓말이 필요해요.

이유: 정직하고 솔직한 것은 멋진 성품이에요. 나쁜 마음으로 거짓말을 하는 사람은 친구들이 가까이 지내고 싶어 하지 않아요. 하지만 때로는 상대방을 배려하는 착한 마음으로 하는 거짓말이나, 내 솔직한 마음을 살짝 다른 표현으로 말하는 것이 좋은 친구관계를 갖는 데 도움이 되기도 해요. 하얀 거짓말이 무엇인지 배우고 연습해보아요.

이것을 연습해보아요	연습결과
1. '하얀 거짓말'이란 무엇인가요?	
2. 거짓말은 나쁜 것인데, 하얀 거짓말은 왜 해도 괜찮을까요?	
3. 하얀 거짓말을 할 수 있는 때는 언제일까요? 구체적인 상황을 생각해보세요.	
4. 거짓말도 하지 않고, 친구의 기분도 나쁘지 않게 말하려면 어떻게 할까요?	

이렇게 연습해보아요	잘했어요	어려웠어요
무엇을 배웠는지 다시 한번 생각해보세요.		
내가 생각해낸 방법대로 해도 좋을지 다른 사람들(친구들, 선생님, 가족)과 함께 이야기해보세요.		
오늘 연습한 결과가 어떠했는지 '연습결과' 칸에 적어보세요.		

연습하고 달라졌어요		
1. '하얀 거짓말'이 무엇인지 이해했나요?	예	아니요
2. 거짓말을 하면 안 되는 때와 해도 괜찮은 때를 이해했나요?	예	아니요
3. 친구의 마음을 배려해서 말할 수 있나요?	예	아니요

확인 문제

✽ 수현이가 실수로 넘어졌는데 바지가 살짝 내려가 엉덩이가 보이고 말았어요. 수현이는 옆에 있던 나를 발견하고는 부끄러워 울면서 '너 다 봤지?'라고 물어보네요. 뭐라고 대답해줄까요?

① 응. 너는 팬티도 안 입었니? 엉덩이가 다 보여.
② 응? 뭐가? 그런데 너 넘어졌니? 다친 데는 없어?

그림을 보면서 질문에 대답해 보세요!

준비하기

- 나는 다른 사람의 말을 똑같이 따라 할 때가 있나요? 언제 그렇게 했나요?

- 다른 사람의 말을 따라 하는 사람을 본 적 있나요?

- 친구가 한 말이 이해되지 않거나 할 말이 생각나지 않을 때 나는 어떻게 하나요?

마음 읽기

- 친구가 내 말을 그대로 따라 한다면 나는 어떤 생각이 들까요?

- 내가 친구의 말을 그대로 따라 하면 친구는 어떤 생각이 들까요?

- 내가 친구한테 질문을 했는데 친구가 답은 안 하고 내 질문을 따라 말하면 내 기분이 어떨까요?

- 친구가 나한테 질문을 했는데 내가 친구의 질문을 따라 말하면 친구의 기분은 어떨까요?

이야기질문

- 수호는 친구들의 말을 따라 해요. 준영이는 수호가 말을 따라 하는 것을 재미있어 해요. 그래서 수호가 선생님께 답을 말할 때 옆에서 조용한 목소리로 수호에게 틀린 답을 이야기해줘요. 그러면 수호는 준영이의 말을 따라서 틀린 답을 말해요. 지연이는 수호를 답답해해요. 지연이는 수호가 자신의 질문을 그대로 따라 한다며 수호에게는 의견을 잘 묻지 않아요. 왜 친구들은 수호를 답답해하거나 놀리는 걸까요?

적용하기

- 내가 말을 따라 하는 이유가 무엇일지 생각해보고 어떻게 다른 적절한 표현을 할 수 있을지 생각해보세요.
- 친구의 말을 따라 하지 않고 대답을 생각할 시간을 벌려면 어떻게 해야 하나요?
- 내가 말을 따라 하지 않게 늘 떠올릴 수 있거나 꺼내 볼 수 있는 작은 카드를 만들어보세요.

 아이들이 말을 따라 하는 것에는 다양한 이유가 있을 수 있습니다. 다른 사람의 말을 이해하지 못해서일 수도 있고, 해야 할 말을 떠올리느라 그런 것일 수도 있지요. 아이가 사용하는 반향어의 기능에 맞게 적절한 표현으로 바꾸어 말하는 연습을 해주세요. 그리고 아동이 어디서든 기억할 수 있도록 카드, 팔찌 등을 이용해서 말을 따라 하는 습관을 줄여나가도록 해주세요.

다음 그림을 보면서 질문에 대답해보세요.

지금까지 함께 이야기 나눈 내용을
잘 생각해보고, 생각풍선을 채워보세요.

연습 기록지

이름:	날짜:	확인:

내용: 말을 따라 하지 않아요.

이유: 말은 내 생각을 다른 사람에게 표현하는 수단이에요. 친구가 내 생각을 듣고 싶어서 질문을 했는데 내가 질문을 그대로 따라 말한다면 친구는 내 생각을 알 수 없어서 답답할 거예요. 말을 그대로 따라 하는 모습이 이상해 보여서 나를 놀릴 수도 있어요. 그렇기 때문에 친구가 내게 질문을 했을 때에는 친구의 말을 따라 하지 않고 적절히 대답해주는 것이 필요해요.

이것을 연습해보아요	연습결과
1. 나는 언제 친구의 말을 따라 하는지 생각해보세요.	
2. 친구의 질문을 따라 하지 않고 대답할 수 있나요?	
3. 친구의 말을 따라 하고 싶을 때엔 속으로 조용히 말할 수 있나요?	
4. 친구가 내 말을 따라 하면 뭐라고 말해야 할까요?	

이렇게 연습해보아요	잘했어요	어려웠어요
무엇을 배웠는지 다시 한번 생각해보세요.		
내가 생각해낸 방법대로 해도 좋을지 다른 사람들 (친구들, 선생님, 가족)과 함께 이야기해보세요.		
오늘 연습한 결과가 어떠했는지 '연습결과' 칸에 적어보세요.		

연습하고 달라졌어요

1. 친구의 말을 따라 하지 않고 대답할 수 있나요?	예	아니요
2. 따라 말하고 싶을 때 속으로 조용히 말할 수 있나요?	예	아니요
3. 친구가 내 말을 따라 할 때 어떻게 말해야 할지 알고 있나요?	예	아니요

확인 문제

✽ 친구가 질문했을 때 어떻게 대답해야 할까요?
　친구: 점심에 무슨 반찬 먹었니?

① 무슨 반찬 먹었어.
② 김치랑 콩나물.

★ ★ ☆
두 걸 음
좋은 친구가
되어요

속상한 친구는 위로해주어요

준비하기

- 위로는 무엇일까요?
- 위로는 왜 필요할까요?
- 위로의 말에는 어떤 것이 있나요?
- 나는 위로를 해주거나 받아본 적이 있나요? 있다면 이야기해보세요.

마음 읽기

- 내가 슬플 때 친구가 위로해줘요. 내 마음은 어떨까요?
- 친구가 슬플 때 내가 위로해줘요. 친구의 마음은 어떨까요?
- 내가 속상해하는데 친구가 위로해주지 않으면 내 마음이 어떨까요?
- 친구가 속상해하는데 내가 위로해주지 않으면 친구의 마음이 어떨까요?

이야기질문

● 찬우는 공부를 잘해요. 그래서 이번 수학시험에서 또 100점을 받았어요. 찬우는 짝꿍인 민서의 점수가 궁금해서 민서에게 몇 점을 받았는지 물어봤어요. 민서는 말해주지 않으려 했지만 찬우가 계속 물어보자 20점이라고 솔직히 말해줬어요. 찬우는 민서를 위로해주려고 "진짜? 나는 100점인데. 너도 나처럼 열심히 했어야지"라고 말했어요. 그러자 갑자기 민서는 엉엉 울면서 "너 진짜 나쁘다"라고 말했어요. 민서는 왜 찬우에게 나쁘다고 했을까요?

적용하기

● 위로가 필요한 상황에는 어떤 것이 있을까요?

● 아래의 상황에서 친구에게 할 수 있는 위로의 말을 생각해보세요.

－선생님께 혼난 친구 :

－엄마가 아파서 슬픈 친구 :

－소중한 물건을 잃어버린 친구 :

－시험에서 점수를 못 받아서 속상한 친구 :

－다른 친구랑 다퉈서 속상한 친구 :

 친구의 마음을 읽지 못한다면 친구를 위로하는 것도 어려울 수 있습니다. 먼저 슬프거나 속상한 감정을 느낄 만한 다양한 상황을 이야기해주세요. 또 친구들의 마음을 읽을 수 있도록 표정이나 말투 등의 비언어적/준언어적 단서를 파악하는 방법을 함께 알려주세요. 그리고 친구에게 해줄 수 있는 위로의 말을 생각해보고 연습하게 해주세요.

다음 그림을 보면서 질문에 대답해보세요.

지금까지 함께 이야기 나눈 내용을
잘 생각해보고, 생각풍선을 채워보세요.

연습 기록지

이름:	날짜:	확인:

내용: 속상한 친구는 위로해주어요.

이유: 속상해하는 친구가 있을 때, 내가 그 친구의 마음을 알아주면 친구의 마음이 풀어지는 데 도움이 될 수 있어요. 하지만 친구의 마음을 몰라주거나, 엉뚱한 말들로 위로한다면 오히려 친구의 마음은 더 슬프고 화가 날 거예요. 친구들은 어떤 일이 있을 때 위로받고 싶어 하는지 생각해보고, 나는 어떤 말과 행동으로 친구를 위로해줄 수 있는지 연습해보아요.

이것을 연습해보아요	연습결과
1. '위로'란 무엇인가요?	
2. 친구들은 어떨 때 위로를 받고 싶어 할까요?	
3. 친구가 속상해하거나 슬퍼하고 있다는 것을 어떻게 알 수 있을까요?	
4. 친구를 위로할 때 할 수 있는 말들을 생각해보세요 (예: 힘 내, 걱정 마, 괜찮아 등).	

이렇게 연습해보아요	잘했어요	어려웠어요
무엇을 배웠는지 다시 한번 생각해보세요.		
내가 생각해낸 방법대로 해도 좋을지 다른 사람들 (친구들, 선생님, 가족)과 함께 이야기해보세요.		
오늘 연습한 결과가 어떠했는지 '연습결과' 칸에 적어보세요.		

연습하고 달라졌어요

1. '위로'가 무엇인지 이해했나요?	예	아니요
2. 위로가 필요한 상황을 이해했나요?	예	아니요
3. 적절한 말로 위로를 해줄 수 있나요?	예	아니요

확인 문제

✽ 다음 중 친구를 잘 위로해준 사람은 누구일까요?

① 장난감 부서졌네. 괜찮아. 또 사면 되지. 너희 집에 돈 없니?
② 책이 찢어졌네. 속상하겠다. 테이프로 붙이면 표시 안 날 거야. 붙여줄까?

상황그림을 보여주며
그림을 보면서 질문에 대답해보세요!

준비하기

- 포기란 무엇인가요?

- 너무 많이 오랫동안 고집을 부리는 것은 좋은 것일까요? 또는 너무 쉽게 포기하는 것은 좋은 것일까요?

- 내가 포기하기 어려운 것이 있다면 무엇인가요?

- 내가 너무 빨리 포기해버리는 것이 있다면 무엇인가요?

마음 읽기

- 친구랑 내가 같은 장난감을 가지고 놀고 싶은데, 나만 하겠다고 계속 고집을 부리면 친구의 마음은 어떨까요?

- 내가 장난감을 포기하고 양보한다면 친구의 마음은 어떨까요?

- 엄마에게 장난감을 사달라고 한 시간 동안 조르면 엄마의 마음이 어떨까요?

- 조별 과제를 하는데 친구가 해 보지도 않고 안 될 거라고 하면 내 마음은 어떨까요?

이야기질문

● 현지는 학교에서 잃어버린 연필 한 자루를 찾느라 수업시간에도 점심시간에도 책상 밑만 쳐다보고 있었어요. 수업이 끝나고 친구들이 다 집에 가고 나서도 현지는 계속 연필을 찾았어요. 친구들의 책상 서랍을 다 뒤져도 없고, 쓰레기통에도 없고, 바닥에도 연필은 없었어요. 날이 어두워지자 현지를 걱정한 엄마가 학교에 오셨어요. 엄마는 집에 가자며 현지를 재촉했지만, 현지는 연필을 찾겠다고 계속 고집을 피웠어요. 결국 현지는 엄마에게 엉덩이를 세 대 맞고 집에 갔어요. 현지는 왜 혼난 걸까요?

적용하기

● 내가 포기해야 할 상황과 포기하지 말아야 할 상황에는 어떤 것들이 있을까요? 기준을 세우고 예를 들어보세요.

● 원하는 것을 못 갖거나 원하는 행동을 못 하게 되었을 때, 어떤 노력이 필요할까요? 또 포기해야 한다면, 어느 정도 노력하고 포기하는 것이 좋을까요?

● 내가 하기 싫은 일이나 어려운 일을 포기하고 싶을 때, 포기하지 않고 끝까지 하려면 어떻게 해야 할까요? 만일 도움이 필요하다면 누구에게 어떤 도움을 청할 수 있을까요?

 본 에피소드에는 지나치게 고집을 부리는 아이와 주어진 과제를 너무 쉽게 포기하는 아이에 관한 내용이 포함되어 있습니다. 아이의 유형을 파악하셔서 한 부분만 적용하셔도 좋습니다. 고집을 심하게 부리는 아이라면 포기해야 할 상황들에 대해 미리 이야기 나눈 뒤, 아이가 고집을 부리는 상황에서 상기시켜 주세요. 또한 아이가 해야 할 일들, 어려운 일들을 너무 쉽게 포기하거나 시도조차 하지 않는다면 끝까지 노력하도록 격려해주세요. 그리고 아이가 성공을 경험하고 자신감을 가질 수 있도록 과제의 수준을 조절해주시고 적극적으로 지원해주세요.

다음 그림을 보면서 질문에 대답해보세요.

지금까지 함께 이야기 나눈 내용을
잘 생각해보고, 생각풍선을 채워보세요.

연습 기록지

이름:	날짜:	확인:

내용: 포기할 줄 아는 것도 필요해요.

이유: 다른 사람들이 나에게 그만하라고 했는데도 나는 계속하고 싶을 때가 있어요. 반대로 다른 사람들이 계속하라고 했는데도 나는 그만하고 싶을 때도 있어요. 그럴 때 내가 하고 싶은 대로만 고집을 부리면 다른 사람들이 힘들어할 수도 있답니다. 어떤 때는 포기하는 것이 좋고 어떤 때는 포기하지 않는 것이 좋은지 연습해보아요.

이것을 연습해보아요	연습결과
1. '포기'란 무엇인가요?	
2. 포기하는 것이 좋을 때는 언제인지 생각해보세요.	
3. 포기하지 않는 것이 좋을 때는 언제인지 생각해보세요.	
4. 숙제가 너무 어렵거나 일이 내 마음대로 되지 않을 때, 어떻게 하는 것이 좋을까요?	

이렇게 연습해보아요	잘했어요	어려웠어요
무엇을 배웠는지 다시 한번 생각해보세요.		
내가 생각해낸 방법대로 해도 좋을지 다른 사람들 (친구들, 선생님, 가족)과 함께 이야기해보세요.		
오늘 연습한 결과가 어떠했는지 '연습결과' 칸에 적어보세요.		

연습하고 달라졌어요

1. '포기'가 무엇인지 이해했나요?	예	아니요
2. 포기하는 것의 좋은 점이 무엇인지 알게 되었나요?	예	아니요
3. 포기하지 않는 것의 좋은 점이 무엇인지 알게 되었나요?	예	아니요

확인 문제

✽ 다음 중 적절히 행동한 친구는 누구일까요?

① 나는 블록을 전부 다 책상 위에 일렬로 세워두고 싶었어요. 그런데 선생님께서 수업시간에는 장난감을 정리해야 한다고 말씀하셔서 나는 블록을 상자에 넣어두었어요.

② 오늘 숙제는 세 개예요. 나는 숙제가 많아서 두 개는 포기하고 한 개만 했어요.

비밀을 지켜요

그림을 보면서 질문에 대답해 보세요!

준비하기

- 비밀은 무엇인가요? 나에게는 어떤 비밀이 있나요?

- 내가 알고 있는 친구의 비밀이 있나요?

- 왜 비밀을 지켜야 할까요?

- 나는 비밀을 어떤 사람에게 알려주나요?

마음 읽기

- 친구가 내 비밀을 지키지 않으면 내 기분은 어떨까요?

- 내가 친구의 비밀을 지키지 않으면 친구 기분은 어떨까요?

- 내 비밀을 친구가 지켜주었을 때 나는 어떤 생각이 들까요?

- 내가 친구의 비밀을 지켜주었을 때 친구는 어떤 생각을 할까요?

이야기질문

● 예나와 아람이는 친한 친구예요. 예나는 예꿈이를 좋아한다는 비밀을 아람이에게 조심스럽게 이야기했어요. 아람이는 예나의 비밀 이야기를 궁금해하는 다른 친구들에게 예나가 예꿈이를 좋아한다고 말해주었어요. 그것을 알고 예나는 아람이에게 매우 화가 났답니다. 예나는 왜 화가 났을까요?

적용하기

● 친구가 내 비밀을 지키지 않고 다른 친구에게 이야기했다면 나는 친구에게 뭐라고 말할까요?

● 친구가 나에게 말하는 것이 비밀인지 어떻게 알 수 있나요?

　(예: 너만 알고 있어, 아무한테도 말하면 안 돼.)

● 나의 비밀을 이야기해주어도 되는 친구와 안 되는 친구를 생각해보세요.

● 친구에게 비밀을 이야기하는 것을 연습해보세요.

 비밀은 친구를 믿기 때문에 나눌 수 있는 것입니다. 아이들이 비밀을 지킴으로써 친구들과의 신뢰관계를 유지할 수 있도록 도와주시고, 비밀을 지키지 않을 경우 일어날 수 있는 일들에 대해 이해하도록 도와주세요. 또한 아이가 친구의 이야기 중에서 비밀을 분별할 수 있는 단서를 알려주시고, 비밀을 지킨다는 것이 어떤 의미인지를 알려주세요. 단, 지키지 말아야 할 비밀(예: 신변의 위험, 나쁜 행동, 협박 등)이 있음을 알려주셔서 아이가 불이익을 당하지 않도록 해주세요.

다음 그림을 보면서 질문에 대답해보세요.

지금까지 함께 이야기 나눈 내용을
잘 생각해보고, 생각풍선을 채워보세요.

연습 기록지

이름:	날짜:	확인:

내용: 비밀을 지켜요.

이유: 친구가 이야기해준 비밀을 지키는 것은 좋은 친구관계를 만드는 데 중요한 것이에요. 친구가 나에게 비밀을 이야기해주는 것은 나를 믿고 있다는 것이랍니다. 내가 그 비밀을 다른 친구들에게 말해버린다면, 친구는 속상하고 슬플 거예요. 내 비밀을 친구에게 말하는 방법과 친구의 비밀을 지켜주는 방법을 연습해보아요.

이것을 연습해보아요	연습결과
1. '비밀'이란 무엇인가요?	
2. 친구가 내 비밀을 지키지 않고 다른 친구에게 이야기했다면 뭐라고 말할까요?	
3. 친구가 나에게 비밀을 말해주면, 나는 어떻게 해야 할까요?	
4. 말해도 되는 비밀 한 가지를 친구에게 이야기해보세요.	

이렇게 연습해보아요	잘했어요	어려웠어요
무엇을 배웠는지 다시 한번 생각해보세요.		
내가 생각해낸 방법대로 해도 좋을지 다른 사람들 (친구들, 선생님, 가족)과 함께 이야기해보세요.		
오늘 연습한 결과가 어떠했는지 '연습결과' 칸에 적어보세요.		

연습하고 달라졌어요

1. '비밀'이 무엇인지 이해했나요?	예	아니요
2. 친구의 비밀을 잘 지킬 수 있나요?	예	아니요
3. 친구에게 비밀을 말할 수 있나요?	예	아니요

확인 문제

✲ 다음 중 지키지 말아야 할 비밀은 무엇일까요?

① 있잖아, 이건 비밀인데 사실 나는 아빠가 안 계셔.
② 야! 너 돈 있어? 만 원만 줘봐. 너 이거 누구한테 말하면 가만 안 둘 거야!

15 친구에게 나누어주어요

준비하기

- 친구의 물건을 빌리거나 같이 사용해본 경험이 있나요?
- 친구에게 무엇을 나누어준 적이 있나요?
- 친구가 나에게 무엇을 나누어준 적이 있나요?

마음 읽기

- 친구가 나에게 과자를 나누어주면 내 마음이 어떨까요? 만약 나누어주지 않는다면 내 마음은 어떨까요?
- 내가 친구에게 과자를 나누어주면 친구의 마음이 어떨까요? 만약 나누어주지 않는다면 친구의 마음은 어떨까요?
- 친구가 내가 빌려준 물건을 망가뜨리거나, 다 써버리거나, 내 허락 없이 다른 친구에게 빌려주거나, 돌려주지 않는다면, 내 마음은 어떨까요?
- 내가 친구에게 빌린 물건을 함부로 쓰면 친구의 마음은 어떨까요?

이야기질문

● 지웅이는 욕심쟁이예요. 지웅이는 맛있는 간식을 학교에 가지고 와서 다른 친구들에게 절대 나누어주지 않아요. 친구들이 같이 먹자고 해도 싫다고 하고 혼자만 먹어요. 어느 날 서진이가 과자를 가지고 왔는데 지웅이가 하나만 달라고 했어요. 그런데 서진이가 싫다고 했어요. 왜 그럴까요?

적용하기

● 친구의 것을 빌리거나 나누어달라고 할 때 어떻게 얘기하면 좋을까요?

● 친구의 물건은 어떻게 사용해야 할까요? 만약 빌린 물건을 잃어버리거나 망가뜨린다면 어떻게 해야 할까요?

● 다음과 같은 것들은 어떻게 친구와 함께할 수 있나요? 어떻게 나눌 수 있나요?

→ 교과서, 축구공, 하나밖에 없는 장난감, 친구, 자리, 과자, 게임기, 컴퓨터

Tip 자기 물건을 다른 친구들에게 나누어주어야 할 때가 있다는 것과 친구의 물건을 빌려야 할 때(예: 교과서를 가져오지 않았을 때)가 있다는 것을 설명해주세요. 자신이 가진 물건을 어떻게 나누어 쓸 수 있는지에 대한 방법을 모른다면, 방법을 함께 이야기해보는 것도 좋습니다. 또한 빌린 물건을 어떻게 사용해야 하는지에 대해서와 빌려준 친구에게 고마운 마음을 표현하는 방법에 대해서도 알려주세요.

다음 그림을 보면서 질문에 대답해보세요.

지금까지 함께 이야기 나눈 내용을
잘 생각해보고, 생각풍선을 채워보세요.

연습 기록지

이름:	날짜:	확인:

내용: 친구에게 나누어주어요.

이유: 친구끼리는 서로서로 도움을 주고받아요. 친구가 내 도움이 필요할 때도 있고 내가 친구 도움을 필요로 할 때도 있지요. 만약 내가 필요한 것을 친구가 가지고 있을 때 친구가 그것을 빌려주거나 나눠준다면 나는 친구가 고마울 거예요. 친구에게 필요한 것을 빌리거나 빌려줄 때는 어떻게 해야 하는지, 그리고 빌린 물건은 어떻게 사용하고 돌려주어야 하는지 연습해보아요.

이것을 연습해보아요	연습결과
1. 나는 친구에게 무엇을 나누어 주거나 빌려줬었나요?	
2. 친구에게 물건을 빌리고 싶을 때 어떻게 말해야 할까요?	
3. 친구에게 빌린 물건은 어떻게 사용해야 할까요?	
4. 친구에게 빌린 장난감이 실수로 망가졌어요. 어떻게 해야 할까요?	

이렇게 연습해보아요	잘했어요	어려웠어요
무엇을 배웠는지 다시 한번 생각해보세요.		
내가 생각해낸 방법대로 해도 좋을지 다른 사람들 (친구들, 선생님, 가족)과 함께 이야기해보세요.		
오늘 연습한 결과가 어떠했는지 '연습결과' 칸에 적어보세요.		

연습하고 달라졌어요

1. 친구에게 빌리는 말을 할 수 있나요?	예	아니요
2. 친구에게 빌린 물건을 어떻게 사용해야 하는지 알고 있나요?	예	아니요
3. 친구에게 빌린 물건을 돌려줄 때는 어떻게 해야 할까요?	예	아니요

확인 문제

✽ 국어 교과서를 집에 두고 왔어요. 어떻게 해야 할까요?

① "내가 오늘 깜빡하고 교과서를 두고 왔는데 같이 보면 안 될까?"
② "나 교과서 없는데 네 책 내가 볼래."

상황그림을 보여주며
그림을 보면서 질문에 대답해보세요!

준비하기

- 언제 선물을 주고받나요?

- 선물에는 어떤 의미가 있나요?

- 내가 받았던 선물에는 어떤 것들이 있나요? 그 선물을 받고 기분이 어땠
  나요?

- 선물을 받고 기분이 좋지 않았던 경험이 있었나요? 왜 그랬나요?

마음 읽기

- 내가 선물했는데 친구가 기뻐하면 내 마음이 어떨까요?

- 친구가 나에게 선물했을 때 내가 기뻐하면 친구의 마음이 어떨까요?

- 내가 친구에게 선물을 했는데 친구가 좋아하지 않는다면 내 마음이
  어떨까요?

- 친구가 나에게 선물을 했는데 내가 좋아하지 않는다면 친구의 마음이
  어떨까요?

이야기질문

● 오늘은 예꿈이의 생일이에요. 예꿈이는 생일 파티에 반 친구들을 모두 초대했어요. 친구들이 모이고 파티가 시작되었어요. 예꿈이는 케이크를 먹고 나서 받은 선물들을 뜯어보았어요. 민우랑 현우는 예꿈이가 좋아하는 공룡 장난감을 선물로 주었어요. 그런데 주희가 준 선물을 뜯어본 예꿈이는 실망했어요. 예꿈이는 주희가 준 이솝우화 책이 마음에 들지 않았거든요. 그래서 주희에게 선물을 다시 가져가라고 했어요. 그러자 주희가 눈물을 뚝뚝 흘렸어요. 주희는 왜 우는 걸까요?

적용하기

● 친구가 준 선물이 내 마음에 안 들면 어떻게 해야 할까요?

● 친구들 몇 명을 떠올리고 어떤 선물을 좋아할지 생각해보세요.

● 친구들이 내 선물을 마음에 들어 하지 않으면 어떻게 해야 할까요?

Tip 선물을 준비하는 것은 상대방에게 필요한 물건, 상대방이 좋아할 만한 물건이 무엇일지 고민하면서 상대방의 입장이 되어 볼 좋은 기회를 제공합니다. 선물을 고를 때, 내 입장에서 좋은 것이 아니라 상대방의 입장에서 좋은 것을 생각해보게 해주세요. 그리고 선물을 받은 친구의 반응을 관찰하면서 아이가 친구의 마음이 어떤지 이해하도록 도와주세요. 반대로 선물을 받았을 때, 마음에 들지 않더라도 선물을 준 친구를 생각해서 예의를 지켜 반응하도록 도와주세요.

다음 그림을 보면서 질문에 대답해보세요.

지금까지 함께 이야기 나눈 내용을
잘 생각해보고, 생각풍선을 채워보세요.

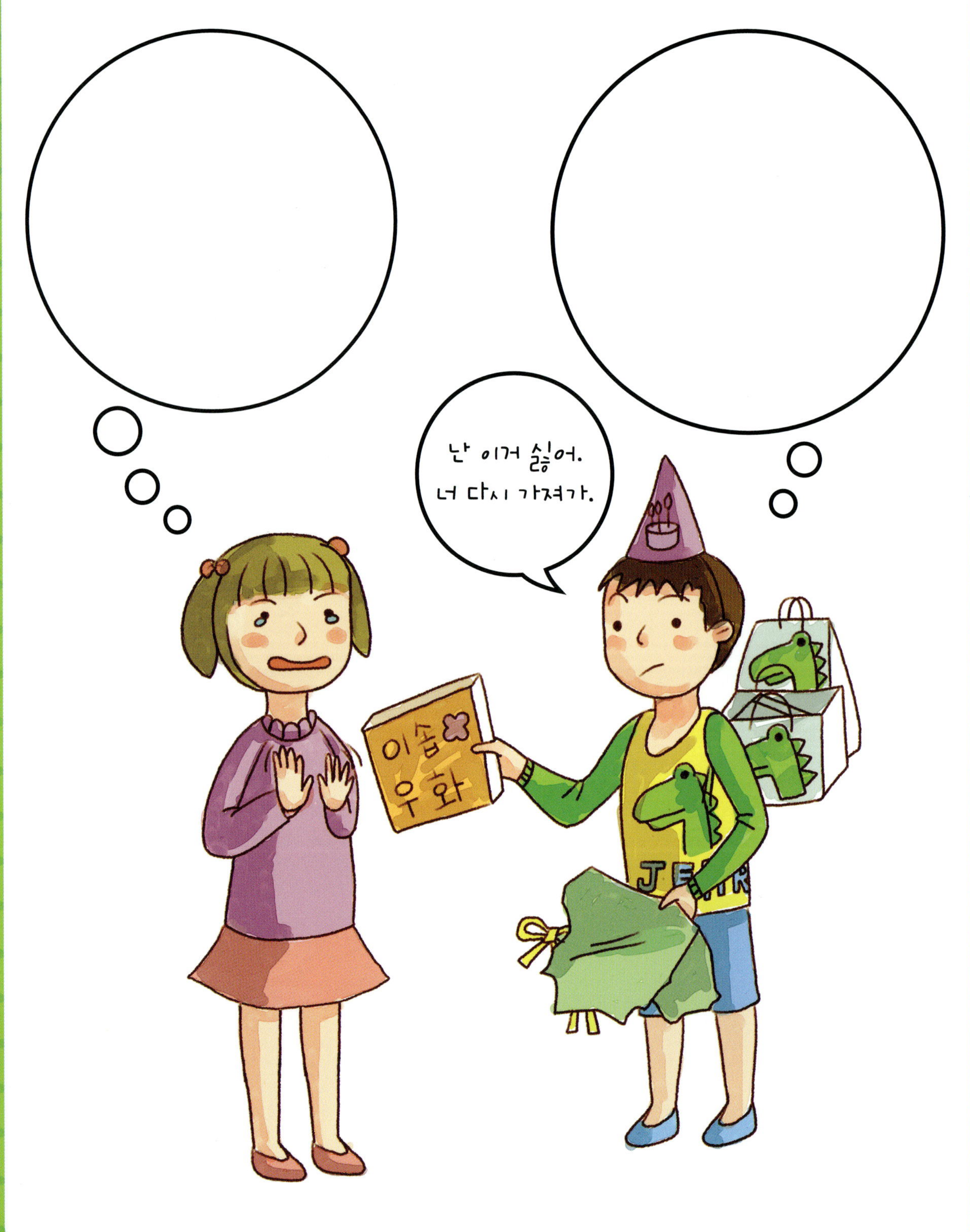

연습 기록지

이름:	날짜:	확인:

내용: 선물은 친구의 마음이 담긴 것이에요.

이유: 친구가 나에게 선물을 줬다면, 친구는 나에게 무엇이 필요한지, 어떤 것을 주면 내가 기뻐할지 생각하면서 선물을 고르고 준비했을 거예요. 가끔은 내 마음에 들지 않는 선물이 있어도 고마운 마음으로 선물을 받는다면 선물을 준 사람이 기쁠 거예요. 선물을 주고받을 때는 어떻게 하는 것이 좋을지 연습해보아요.

이것을 연습해보아요	연습결과
1. 언제 선물을 줄 수 있나요?	
2. 친구에게 마음에 들지 않는 선물을 받았을 때는 어떻게 하면 좋을까요?	
3. 좋아하는 친구 한 명을 생각해서, 어떤 선물을 주면 친구가 기뻐할지, 왜 그렇게 생각했는지 이야기해보세요.	
4. 좋아하는 친구에게 작은 선물을 해 보세요. 선물을 줄 때 내 마음이 어땠는지 적어보세요.	

이렇게 연습해보아요	잘했어요	어려웠어요
무엇을 배웠는지 다시 한번 생각해보세요.		
내가 생각해낸 방법대로 해도 좋을지 다른 사람들 (친구들, 선생님, 가족)과 함께 이야기해보세요.		
오늘 연습한 결과가 어떠했는지 '연습결과' 칸에 적어보세요.		

연습하고 달라졌어요

1. 선물을 주고받을 때의 기분을 이해했나요?	예	아니요
2. 선물을 받을 때 고마운 마음을 잘 표현할 수 있나요?	예	아니요
3. 받는 사람을 배려해서 선물을 고를 수 있나요?	예	아니요

확인 문제

✻ 다음 중 선물을 준 친구의 마음을 기쁘게 하는 말은 어느 것일까요?

　① 이거 정말 멋지다! 고마워, 잘 쓸게.
　② 이거 어디서 샀니? 가서 다른 걸로 바꾸려고…….

준비하기

- 고백은 무엇인가요?

- 나는 고백을 해 본 적이 있나요? 또는 고백을 받아본 적이 있나요?

- 나는 좋아하는 친구에게 어떤 표현을 해 보았나요? 그 결과는 어떠했나요?

- 나의 마음을 전할 수 있는 방법에는 어떤 것이 있을까요?

마음 읽기

- 친구가 나를 좋아한다는 고백을 들으면 기분이 어떨까요?

- 내가 친구를 좋아한다고 말할 때 내 기분은 어떨까요?

- 내가 친구에게 좋아한다고 말했는데 친구는 내가 싫다고 하면 내 기분이 어떨까요?

- 친구가 내게 좋아한다고 말했는데 내가 싫다고 하면 친구의 기분이 어떨까요?

이야기질문

- 지효는 예꿈이를 좋아해요. 지효는 며칠을 고민하다가 예쁜 편지지에 예꿈이를 좋아한다고 써서 몰래 예꿈이에게 주었어요. 그런데 예꿈이는 지효의 편지를 받자마자 친구들 앞에서 큰 소리로 읽었어요. 그러자 친구들은 지효와 예꿈이가 커플이라고 놀렸어요. 그러자 지효는 얼굴이 빨개지며 눈물을 흘렸어요. 지효는 왜 울었을까요?

적용하기

- 친구를 좋아한다고 표현하는 적절한 방법과 그렇지 않은 방법에는 뭐가 있을지 생각해보세요.
- 친구는 나를 좋아하는데 나는 친구를 좋아하지 않아요. 정중하게 거절하려면 어떻게 표현해야 할까요?
- 좋아하는 친구에게 고백을 한다면 뭐라고 말하면 좋을지 준비해보세요.

Tip 이성 친구를 좋아하는 마음은 건강하고 아름다운 것이지만 어떻게 표현하느냐에 따라 친구를 기쁘게도 또는 힘들게도 할 수 있다는 것을 이해시켜 주세요. 아이가 평소에 좋아하는 친구에게 하는 적절하지 않은 행동들이 있다면 구체적인 예를 들고 적절한 방법으로 고치도록 지도해주세요. 반대로 자신에게 호감을 갖는 친구들에게 지켜야 하는 예의를 알려주셔서 친구에게 상처를 주지 않게 도와주세요.

다음 그림을 보면서 질문에 대답해보세요.

지금까지 함께 이야기 나눈 내용을
잘 생각해보고, 생각풍선을 채워보세요.

연습 기록지

이름:	날짜:	확인:

내용: 친구가 나를 좋아해요.

이유: 친구를 좋아하는 마음을 적절하게 표현하면 친구와 더 좋은 사이가 될 수도 있지만, 잘못 표현하면 친구의 마음을 힘들게 할 수도 있어요. 반대로 나를 좋아한다고 말하는 친구에게 예의 바르게 대답해주는 것도 중요한 일이랍니다. 적절하게 나의 마음을 표현하는 방법을 생각해보세요. 만약 친구의 고백을 거절해야 한다면 친구의 마음이 상하지 않게 말할 수 있도록 연습해보아요.

이것을 연습해보아요	연습결과
1. '고백'이란 무엇인가요?	
2. 친구는 나를 좋아하는데 나는 그 친구를 좋아하지 않을 때, 어떻게 거절하면 좋을까요?	
3. 좋아하는 친구에게 마음을 표현할 수 있는 행동에는 어떤 것이 있을까요? 해서는 안 되는 행동은 어떤 것이 있을까요?	
4. 좋아하는 친구에게 고백하는 말을 연습해보세요.	

이렇게 연습해보아요	잘했어요	어려웠어요
무엇을 배웠는지 다시 한번 생각해보세요.		
내가 생각해낸 방법대로 해도 좋을지 다른 사람들 (친구들, 선생님, 가족)과 함께 이야기해보세요.		
오늘 연습한 결과가 어떠했는지 '연습결과' 칸에 적어보세요.		

연습하고 달라졌어요

1. '고백'이 무엇인지 이해했나요?	예	아니요
2. 좋아하는 친구에게 적절하게 표현할 수 있나요?	예	아니요
3. 좋아하지 않는 친구에게 적절하게 거절할 수 있나요?	예	아니요

확인 문제

✱ 다음 중 좋아하는 마음을 적절하게 표현한 친구는 누구인가요?

　① 지효: 편지에 친구를 좋아한다고 적어서 몰래 전해주어요.
　② 예꿈: 좋아하는 친구를 볼 때마다 뽀뽀해줘요.

늘 일 등이 될 수는 없어요

그림을 보면서 질문에 대답해보세요!

준비하기

- 일 등을 해 본 적이 있나요? 어떤 것에서 일 등을 해 보았나요?

- 아깝게 일 등을 놓쳐본 적이 있나요?

- 항상 일 등이 될 수 있을까요?

마음 읽기

- 일 등을 했을 때 내 마음이 어떤가요?

- 일 등을 하지 못했을 때 내 마음이 어떤가요?

- 친구가 일 등을 하지 못하면 친구의 마음이 어떨까요?

- 친구가 자꾸 일 등만 하겠다고 억지를 부리면 내 마음이 어떨까요?

- 내가 자꾸 일 등만 하겠다고 억지를 부리면 친구들의 마음이 어떨까요?

이야기질문

● 태환이는 일 등을 하는 것을 좋아합니다. 태환이는 달리기도 일 등, 게임을 해도 일 등을 하고 식당에 가기 위해 줄을 설 때도 제일 앞에 섭니다. 어느 날 선생님께서 게임을 하자고 하셔서 반 친구들이 모두 재미있게 게임을 했습니다. 그런데 태환이가 일 등을 못하자 바닥에 앉아서 울면서 짜증을 부렸습니다. 결국 일 등인 친구가 양보해서 태환이는 일 등을 하게 되었습니다. 다음 날, 친구들이 게임을 하는데 태환이도 끼워달라고 했습니다. 그런데 친구들이 태환이랑은 게임을 하고 싶지 않다고 했습니다. 친구들은 왜 태환이랑 같이 게임하기가 싫을까요?

적용하기

● 일 등을 하지 못해 아쉬운 마음을 어떻게 표현하면 좋을까요?

● 내가 잘하는 것과 친구들이 잘하는 것에는 무엇이 있을까요?

● 내가 일 등을 하지는 못했지만 최선을 다했던 경험을 이야기해보세요(아이가 최선을 다한 것에 대해 칭찬해주세요).

 아이에게 누구나 항상 일 등을 할 수는 없으며, 그럴 필요도 없다는 것을 알려주세요. 다른 친구들이 자신보다 더 잘하는 부분이 있음을 인정하고 자연스럽게 받아들이도록 도와주세요. 또한 일 등이 되는 것보다 친구들에게 양보하는 친구들이 더 멋있을 수 있음을 이야기해주세요. 가정에서는 일 등을 하는 형제에게만 보상을 함으로써 일 등이 무조건 좋다는 생각을 심어주지 않도록 주의해주세요. 결과보다는 관계와 과정을 중시하는 칭찬을 해줌으로써 아이가 이기는 것에 집착하지 않도록 도와주세요. 지는 상황에서도 적절하게 반응하는 것을 선생님/엄마가 먼저 보여주시면 아이들도 자연스럽게 바람직한 행동을 익힐 수 있습니다.

다음 그림을 보면서 질문에 대답해보세요.

지금까지 함께 이야기 나눈 내용을
잘 생각해보고, 생각풍선을 채워보세요.

연습 기록지

이름:	날짜:	확인:

내용: 늘 일 등이 될 수는 없어요.

이유: 친구들은 서로 다른 재주들을 하나씩 가지고 있답니다. 내가 잘하는 것을 친구들이 못할 수도 있고 친구들이 잘하는 것을 내가 못할 수도 있어요. 친구마다 각자의 장단점이 다르기 때문에 서로 배울 수도 있고 도와줄 수도 있지요. 꼭 일 등을 하고 이기지 못해도, 최선을 다했다면 칭찬을 받을 수 있는 이유에 대해서 배워보아요.

이것을 연습해보아요	연습결과
1. '최선을 다한다'는 말은 무슨 의미일까요?	
2. 내가 잘하는 것과 잘하지 못하는 것이 무엇인지 생각해보세요.	
3. 일 등을 못 하거나 이기지 못해서 속상할 때에는 어떻게 표현하면 좋을까요?	
4. 내가 일 등을 못 했을 때, 일 등을 한 친구에게 뭐라고 말해주면 좋을까요?	

이렇게 연습해보아요	잘했어요	어려웠어요
무엇을 배웠는지 다시 한번 생각해보세요.		
내가 생각해낸 방법대로 해도 좋을지 다른 사람들(친구들, 선생님, 가족)과 함께 이야기해보세요.		
오늘 연습한 결과가 어떠했는지 '연습결과' 칸에 적어보세요.		

연습하고 달라졌어요		
1. '최선을 다한다'는 말의 뜻을 이해했나요?	예	아니요
2. 일등을 못할 때 아쉬운 마음을 바르게 표현할 수 있나요?	예	아니요
3. 친구가 나를 이겼을 때 친구를 인정해줄 수 있나요?	예	아니요

확인 문제

✲ 일 등을 못 했을 때에는 어떻게 표현하는 것이 좋을까요?

① 안 돼! 다시 해! 내가 일 등 해야 돼.

② 괜찮아, 다음에 잘하면 되지.

준비하기

- '분위기'란 무엇인가요?

- 내 기분과 다른 사람의 기분이 항상 같을까요?

- 내 기분을 숨겨야 할 때가 있다면 언제일까요? 예를 들어보세요.

- 나는 즐거운데 친구는 슬펐거나 또는 반대인 적이 있었다면 얘기해보세요.

마음 읽기

- 나는 속상해서 울고 있는데 친구가 깔깔거리며 웃는다면 내 마음이 어떨까요?

- 친구가 울고 있는데 내가 깔깔거리며 웃거나 장난을 친다면 친구 마음은 어떨까요?

- 친구들이 즐거워하고 있는데 나는 즐겁지 않아서 화를 낸다면 친구들은 어떤 생각을 할까요?

- 친구들이 싸우고 있을 때 물건을 빌려달라고 하면 친구들 기분이 어떨까요?

이야기질문

● 주성이가 공부시간에 자꾸 떠들어서 선생님께서는 매우 화가 나셨습니다. 선생님께서는 주성이를 불러서 야단을 치셨습니다. 선생님께서 주성이에게 벌을 주고 있는데, 다은이가 갑자기 앞으로 나와 어제 선물로 받은 팔찌를 선생님께 자랑했습니다. 그러자 선생님은 다은이에게 "다은아, 나중에 해. 넌 이 상황에서 자랑하고 싶니?"라고 말씀하셨습니다. 선생님은 왜 다은이의 팔찌를 예쁘다고 해주지 않으셨을까요?

적용하기

● 친구의 기분이 나쁠 때(좋을 때)는 어떻게 알 수 있나요?

● 어떤 상황에서 친구의 기분이 나쁠까요? 어떤 상황에서 친구의 기분이 좋을까요? 예를 들어보세요.

● 다음 분위기를 나타내는 말의 의미를 알아보고, 이러한 분위기가 느껴질 만한 상황을 떠올려보세요. 그리고 그 분위기에서 내가 해도 괜찮은 행동과 해서는 안 될 행동을 이야기해보세요.

→ 싸늘한, 엄숙한, 유쾌한, 따뜻한, 무거운, 밝은, 심각한, 슬픈 등

 어떤 아이들에게는 분위기를 파악한다는 것이 어려울 수 있습니다. 사람들의 표정, 제스처, 말투, 처한 상황을 이해해야 하는 복잡한 과정이 요구되기 때문입니다. 분위기를 파악하는 데 도움이 될 수 있도록 많은 상황들을 예로 제시해주시고, 그 상황에 맞는 기분을 알려주세요. 또 기분에 따른 비언어적/준언어적 표현을 직접 모델링해주셔서 아이가 어떤 감정인지 추측해보고 직접 흉내 내보도록 지도해주세요. 그리고 그 상황에 적합한 대처방법을 알려주시어 연습하도록 해주세요(예: 친구가 울고 있다면 친구가 슬프거나 아픈 것이니까 왜 슬픈지 또는 아픈지 물어보고 위로해주어야 해).

다음 그림을 보면서 질문에 대답해보세요.

지금까지 함께 이야기 나눈 내용을
잘 생각해보고, 생각풍선을 채워보세요.

연습 기록지

이름:	날짜:	확인:

내용: 분위기를 파악해요.

이유: 말을 꺼낼 때에는 주변 상황과 분위기를 고려해야 해요. 심각한 상황에서 내가 장난을 치거나 농담을 한다면 다른 사람들의 기분이 상할 수 있어요. 친구와 대화할 때 분위기가 어떤지, 친구의 기분이 어떤지, 내가 하고 싶은 말을 친구에게 당장 해도 좋을지 안 좋을지를 고려하고 말한다면 친구들과 더 좋은 관계를 유지할 수 있어요. 어떻게 분위기를 파악하고 분위기에 맞게 행동할 수 있는지 연습해보아요.

이것을 연습해보아요	연습결과
1. '분위기'란 무엇인가요?	
2. 어떤 상황에서 다음과 같은 분위기가 느껴질까요? (싸늘한, 엄숙한, 유쾌한, 따뜻한, 무거운, 밝은, 심각한, 슬픈)	
3. 내가 하고 싶은 말을 해도 좋을 때와 나중에 해야 할 때를 어떻게 알 수 있나요?	
4. 심각한 분위기에서 해서는 안 되는 행동을 세 가지 이야기해보세요.	

이렇게 연습해보아요	잘했어요	어려웠어요
무엇을 배웠는지 다시 한번 생각해보세요.		
내가 생각해낸 방법대로 해도 좋을지 다른 사람들 (친구들, 선생님, 가족)과 함께 이야기해보세요.		
오늘 연습한 결과가 어떠했는지 '연습결과' 칸에 적어보세요.		

연습하고 달라졌어요

1. '분위기'가 무엇인지 이해했나요?	예	아니요
2. 분위기가 좋을 때와 나쁠 때를 이해했나요?	예	아니요
3. 분위기에 맞추어 적절하게 말하고 행동할 수 있나요?	예	아니요

확인 문제

✽ 친구가 앞에서 야단을 맞고 있을 때, 내가 해서는 안 되는 행동은 무엇인가요?

① 선생님께 손을 들고 다음 시간 수업이 무엇인지 여쭤 봐요.
② 자리에 조용히 앉아 있어요.

상황그림을 보여주며

그림을 보면서 질문에 대답해보세요!

준비하기

- 책임은 무엇인가요?

- 나는 친구들과 같이 숙제(일, 청소)를 해 본 적이 있나요? 그때 내가 맡은 부분은 무엇이었나요? 나는 내 책임을 다했나요?

- 친구들과 함께 숙제(일, 청소)를 하니까 어떤 점이 좋았나요? 또는 어떤 점이 힘들었나요?

마음 읽기

- 조별 숙제를 같이 하는데 한 친구가 아무것도 하지 않는다면 내 기분이 어떨까요?

- 조별 숙제를 같이 하는데 내가 아무것도 하지 않는다면 친구들의 기분은 어떨까요?

- 다 같이 청소를 하는데 한 친구만 청소를 하지 않는다면 내 기분이 어떨까요?

- 다 같이 청소를 하는데 내가 청소를 하지 않는다면 친구들의 기분은 어떨까요?

이야기질문

● 재연이는 학교가 끝나고 집에 빨리 가서 게임을 할 생각에 마음이 급했어
요. 하지만 오늘은 학급 대청소가 있는 날이에요. 선생님은 아이들에게 교
실을 깨끗하게 청소한 뒤 하교하라고 말씀하셨어요. 재연이는 친구들이
청소를 하는 동안 교실 안을 돌아다니며 청소가 끝나기를 기다렸어요. 창
밖을 바라보고 있는데 성은이가 빗자루와 쓰레받기를 들고 와서는 화를 냈
어요. 성은이는 왜 화가 난 걸까요?

적용하기

● 같이 청소할 때 어떻게 일을 나누는 게 좋을지 이야기해보세요.

● 같이 일할 때 내가 정말 하기 싫은 일이 있다면 어떻게 하는 게 좋을지 생
각해보세요. 그리고 친구에게 어떻게 말하면 좋을지 이야기해보세요.

● 맡은 일을 하지 않는 친구에게 뭐라고 얘기하면 좋을지 생각해보세요.

 자신이 맡은 부분에 대한 책임을 다하지 않는다면 공동체 활동에서 어려움을 겪게
될 수 있으며, 친구들이 다시는 함께 일하고 싶지 않아 할 수도 있다는 것을 알려
주세요. 일을 분담하는 이유와 맡은 부분을 끝까지 책임져야 하는 이유에 대해 알
려주시고 가정에서부터 맡은 책임을 다하는 연습을 시켜주세요(예: 동생, 엄마와
함께 맡은 부분을 청소하기).

다음 그림을 보면서 질문에 대답해보세요.

지금까지 함께 이야기 나눈 내용을
잘 생각해보고, 생각풍선을 채워보세요.

연습 기록지

이름:	날짜:	확인:

내용: 함께 일할 때는 내 책임을 다해요.

이유: 손, 발, 머리, 가슴 등 우리 몸의 각 부분이 자기의 책임을 다할 때 우리 몸은 건강하게 유지될 수 있어요. 만일 손이나 발이 자기 역할을 하지 않는다면 어떻게 될까요? 친구들과 함께 일을 할 때에도 마찬가지예요. 내가 맡은 부분을 열심히 하지 않는다면 다른 친구들이 힘들어질 수 있고, 나중에는 친구들이 나와 함께 일하는 것을 싫어하게 될 수도 있어요. 함께 일을 할 때 내가 맡은 일에 책임을 다하는 연습을 해 보아요.

이것을 연습해보아요	연습결과

1. '책임'이란 무엇인가요?
   '책임을 다한다'는 것은 어떤
   의미인가요?	

2. 친구들과 함께 어떤 일을 할 때
   내가 책임을 다하지 않는다면
   어떻게 될까요?	

3. 어떤 일을 여러 명이 할 때에는
   어떻게 각자의 할 일을 나누면
   좋을까요?	

4. 가족들과 분담하여 집 청소를
   하면서 내 책임을 다하기 위해
   노력해보세요.	

이렇게 연습해보아요	잘했어요	어려웠어요
무엇을 배웠는지 다시 한번 생각해보세요.		
내가 생각해낸 방법대로 해도 좋을지 다른 사람들 (친구들, 선생님, 가족)과 함께 이야기해보세요.		
오늘 연습한 결과가 어떠했는지 '연습결과' 칸에 적어보세요.		

연습하고 달라졌어요

1. '책임'이 무엇인지 이해했나요?	예	아니요
2. 내가 책임을 다하지 않으면 어떻게 되는지 이해했나요?	예	아니요
3. 책임감을 가지고 맡은 일에 최선을 다할 수 있나요?	예	아니요

확인 문제

❋ 다 함께 교실 청소를 할 거예요. 나는 바닥 쓸기 담당이에요. 책임을 다한 모습은 어떤 것일까요?

① 선생님 책상 밑은 깨끗해 보였지만, 그래도 선생님 자리까지 열심히 쓸었어요.
② 바닥을 쓸려다가 창문을 닦고 싶어서 창문을 닦았어요.

무턱대고 의심하는 것은 친구 사이를 멀어지게 할 수 있어요

상황그림을 보여주며

그림을 보면서 질문에 대답해보세요!

준비하기

- 의심이란 무엇인가요?

- 내가 잘못하지 않았는데 친구가 나를 오해하거나 의심한 적이 있었나요?

- 나는 친구를 의심해본 적이 있나요? 그때 어떻게 했었는지 이야기해보세요.

마음 읽기

- 내가 잘못한 것이 없는데 친구가 나를 의심하면 나의 마음은 어떨까요?

- 내가 친구를 의심하면 친구의 마음은 어떨까요?

- 내가 친구들을 믿어주면 친구들의 마음은 어떨까요?

- 친구들이 나를 믿어주면 나의 마음은 어떨까요?

이야기질문

- 정민이는 아빠가 새로 사주신 장난감을 친구들에게 자랑하려고 학교에 가져갔습니다. 그런데 쉬는 시간에 잠시 화장실에 다녀온 사이, 장난감이 부서져 있는 것을 발견했습니다. 정민이는 화가 나서 지나가던 수진이에게 "네가 내 장난감을 망가뜨린 게 틀림없어. 물어내!"라고 소리를 질렀습니다. 수진이는 억울하다는 표정을 지으며 토라졌습니다. 그리고 친구들에게 이제 정민이랑은 놀고 싶지 않다고 말했습니다. 수진이는 왜 정민이랑 놀기 싫다고 했을까요?

적용하기

- 내 물건이 없어지거나 망가졌는데 친구가 의심스러워요. 친구가 기분 상하지 않게 이 상황을 해결하려면 어떻게 하는 게 좋을까요?
- 친구들이 나를 의심하면, 나는 어떻게 해야 할까요? 스스로 문제를 해결할 수 없다면, 누구에게 도움을 청할 수 있을까요?

아이들은 전후관계 이해나 단서를 통한 상황 추측의 어려움으로 문제 상황에서 친구를 의심하기가 쉽습니다. 또한 친구의 마음을 고려하여 적절하게 상황을 해결하는 데 어려움을 보이기도 합니다. 문제 상황에서 무턱대고 의심하기보다는 차분히 상황을 잘 살필 수 있도록 도와주시고, 친구의 기분이 상하지 않게 문제를 해결하는 방법에 대해 일러주세요. 가정이나 학교에서 잘못된 일이 있을 때 먼저 아이를 의심하거나 추궁한다면, 아이가 또래관계에서 그대로 반복하게 될 수 있으니 주의해주세요.

다음 그림을 보면서 질문에 대답해보세요.

지금까지 함께 이야기 나눈 내용을
잘 생각해보고, 생각풍선을 채워보세요.

연습 기록지

이름:	날짜:	확인:

내용: 무턱대고 의심하는 것은 친구 사이를 멀어지게 할 수 있어요.

이유: 잘못한 것이 없을 때 부모님께 혼이 나면 속상하고 억울해요. 친구 사이도 마찬가지이지요. 친구가 잘못하지 않았는데 내가 화를 낸다면 친구도 속상하고 억울할 거예요. 작은 오해가 생겼을 때 화부터 내기보다는 찬찬히 생각해보고 친구와 대화를 해보아요.

이것을 연습해보아요	연습결과
1. '의심'이란 무엇인가요?	
2. 친구가 나를 의심하면 나의 마음이 어떨까요?	
3. 내가 친구를 의심하면 친구의 마음은 어떨까요?	
4. 친구들이 나를 의심하면 어떻게 반응해야 할까요?	

이렇게 연습해보아요	잘했어요	어려웠어요
무엇을 배웠는지 다시 한번 생각해보세요.		
내가 생각해낸 방법대로 해도 좋을지 다른 사람들 (친구들, 선생님, 가족)과 함께 이야기해보세요.		
오늘 연습한 결과가 어떠했는지 '연습결과' 칸에 적어보세요.		

연습하고 달라졌어요

1. '의심'이 무엇인지 이해했나요?	예	아니요
2. 친구가 의심이 갈 때 어떻게 해야 하는지 이해했나요?	예	아니요
3. 친구가 나를 의심할 때 어떻게 행동해야 할지 생각해보았나요?	예	아니요

확인 문제

✻ 책상 위에 놓고 갔던 필통이 없어졌어요. 어떻게 해야 할까요?

　① 혹시 여기 있던 내 필통 봤어?
　② 네가 내 필통 가져갔지! 어서 내놔!

상황그림을 보여주며
그림을 보면서 질문에 대답해 보세요!

준비하기

- 고자질이란 무엇일까요?

- 친구가 잘못한 일을 선생님께 이른 적이 있나요?

- 고자질을 하는 것은 무조건 좋은 일인가요?

- 고자질을 하는 것은 무조건 나쁜 일인가요?

마음 읽기

- 친구가 내가 잘못할 때마다 선생님께 이르면 내 기분은 어떨까요?

- 내가 친구가 잘못한 일들을 모두 선생님께 이르면 친구 기분은 어떨까요?

- 동생이 내 잘못을 부모님께 모두 이르면 내 기분은 어떨까요?

- 내가 동생의 잘못을 부모님께 모두 이르면 동생의 기분은 어떨까요?

이야기질문

- 윤수는 잘못된 일이 있으면 무조건 어른들께 말해야 한다고 배웠습니다. 그래서 친구들이나 동생이 잘못하는 일이 있으면 무조건 선생님이나 부모님께 이릅니다. 얼마 전에 자습시간에 친구들이 떠들자 선생님께서 '누가 이렇게 떠들어!' 하고 말씀하셨습니다. 윤수는 얼른 손을 들고 진희, 수영이, 현진이, 문형이가 떠들었다고 선생님께 일렀습니다. 며칠 전부터 친구들은 얘기를 하다가도 윤수가 오면 슬슬 피하는 것 같습니다. 친구들은 왜 윤수만 빼고 이야기를 하는 걸까요?

적용하기

- 친구들의 잘못을 어른에게 알려야 할 때는 언제인가요?
- 친구들의 잘못을 숨겨주거나 친구에게 직접 말해서 해결해야 할 때는 언제인가요?
- 친구가 잘못된 행동을 할 때, 어른에게 이르는 것 말고 다른 해결 방법이 있나요?

 문제 상황에서 어른들께 자꾸만 이르는 행동은 아이 스스로 문제를 해결하는 것을 어렵게 만들 수 있습니다. 작은 문제는 아동 스스로 해결해볼 수 있도록 도와주세요. 또한 상황에 따라 친구의 잘못을 모른 척 넘어가 줘야 할 때가 있다는 것을 알려주세요. 친구들의 작은 잘못까지도 다 어른들께 이른다면 교우관계에서 신뢰를 형성하기 어렵고, 또래 간의 의리를 중요시 여기는 청소년기로 갈수록 더 큰 문제가 될 수 있습니다. 하지만 아이 또는 친구가 신변의 위협을 겪는 경우나 아이 스스로 감당할 수 없는 큰일이 일어났다면, 반드시 어른들께 말해야 한다는 것도 같이 알려주세요.

다음 그림을 보면서 질문에 대답해보세요.

지금까지 함께 이야기 나눈 내용을
잘 생각해보고, 생각풍선을 채워보세요.

연습 기록지

이름:	날짜:	확인:

내용: 친구를 이르는 것이 좋지 않을 때도 있어요.

이유: 우리는 가끔 잘못을 저지르지요. 잘못했을 때 우리는 벌을 받거나 꾸중을 들어요. 하지만 친구가 작은 잘못을 저질렀을 때 모르는 척 넘어가 주는 것도 필요해요. 꼭 어른들께 말씀드리지 않아도 될 잘못은 친구들끼리 해결하는 것도 좋은 방법이에요. 친구도 가끔은 잘못을 저지를 수 있다는 것을 이해하고, 어떤 잘못을 덮어줄 수 있고 어떤 잘못을 어른에게 알려야 하는지 생각해보아요.

이것을 연습해보아요	연습결과
1. '고자질'이란 무엇인가요?	
2. 선생님께 말씀드려야 할 친구의 잘못과 말씀드리지 않아도 될 잘못은 어떤 것이 있을까요?	
3. 친구가 내 잘못을 선생님께 말했을 때 내 기분이 어떨까요?	
4. 친구가 내 잘못을 덮어주면 나는 어떤 기분이 들까요?	

이렇게 연습해보아요	잘했어요	어려웠어요
무엇을 배웠는지 다시 한번 생각해보세요.		
내가 생각해낸 방법대로 해도 좋을지 다른 사람들 (친구들, 선생님, 가족)과 함께 이야기해보세요.		
오늘 연습한 결과가 어떠했는지 '연습결과' 칸에 적어보세요.		

연습하고 달라졌어요

1. '고자질'이 무엇인지 이해했나요?	예	아니요
2. 덮어주어도 괜찮은 잘못과 그렇지 않은 잘못을 구별할 수 있나요?	예	아니요
3. 친구가 잘못했을 때 어른들께 말씀드리는 것 이외의 다른 방법을 생각해볼 수 있나요?	예	아니요

확인 문제

✽ 친구가 숙제를 해오지 않았어요. 어떻게 하는 것이 좋을까요?

　① 손을 들고 선생님께 말씀드려요.
　② 선생님께서 숙제를 검사하지 않는다면 아무 말 하지 않아요.

상황그림을 보여주며
그림을 보면서 질문에 대답해보세요!

준비하기

- 사람들은 언제 웃나요?

- 내가 재미있다고 느끼는 상황을 다른 사람들 모두가 재미있어 할까요?

- 다른 친구들은 웃지 않는데 나 혼자서 웃었던 적이 있나요?

- 아무도 웃지 않는데 혼자 웃는 친구를 본 적이 있나요?

마음 읽기

- 아무도 웃지 않는데 혼자 계속 웃는 친구를 본다면 나는 어떤 생각을 하게 될까요?

- 친구들은 웃기지 않은 상황인데 나 혼자 계속 웃으면 친구들은 어떤 생각을 할까요?

- 재미있는 이야기를 듣고 모두 같이 웃는데 한 친구만 웃지 않으면 나는 어떤 생각이 드나요?

- 친구들이 모두 같이 웃고 있는데 나 혼자 웃지 않는다면 친구들은 어떤 생각을 할까요?

이야기질문

- 오늘은 수학 쪽지시험을 보는 날입니다. 준이는 시험지를 받아 들고 풀기 시작했습니다. 그런데 숫자 3을 보는 순간 동생이 그린 물고기 입이 생각나서 웃음이 나기 시작했습니다. 웃음소리가 점점 커지자 선생님이 준이에게 주의를 주셨습니다. 그런데 시험이 끝나고 체육시간에도 준이는 웃음을 멈출 수가 없었습니다. 혼자만 깔깔대며 웃는 준이를 친구들은 이상한 눈으로 쳐다봤습니다. 친구들은 왜 그랬을까요?

적용하기

- 나는 재미있어서 웃었는데 친구들이 웃지 않는다면 어떻게 해야 할까요?
- 내가 재미있다고 느끼는 것들을 떠올려보고, 친구들도 그것들을 좋아할지 생각해보세요.
- 다른 친구들은 다 웃는데 나는 재미가 없다면 어떻게 행동하는 게 좋을까요?

Tip 유머에 공감하지 못하여 친구들이 웃는데 혼자만 웃지 않는다거나, 다른 아이들은 흥미 없어 하는 것들을 유독 재미있어 하는 아이들이 있습니다. 그럴 때 친구들의 반응을 잘 살피며 적절히 행동할 수 있도록 도와주세요.

다음 그림을 보면서 질문에 대답해보세요.

지금까지 함께 이야기 나눈 내용을
잘 생각해보고, 생각풍선을 채워보세요.

연습 기록지

이름:	날짜:	확인:

내용: 혼자만 웃지 않아요.

이유: 함께 즐거움을 공유하고 웃음을 나누는 것은 좋은 친구관계를 만드는 데 좋은 경험이 됩니다. 반대로 친구들이 웃을 때 웃지 않거나, 친구들이 웃지 않을 때 큰 소리로 웃으면 친구들은 나를 어색하게 생각할 수도 있어요. 친구들이 다 함께 웃을 때에는 어떻게 해야 할지 연습해보아요.

이것을 연습해보아요	연습결과
1. 친구들과 함께 웃었던 경험을 생각해보세요.	
2. 나는 재미없지만 친구들이 함께 웃어요. 어떻게 해야 할까요?	
3. 나는 재미있다고 생각하지만 친구들이 웃지 않을 때엔 어떻게 해야 할까요?	
4. 웃어도 되는 상황과 그렇지 않은 상황에는 어떤 것이 있을까요?	

이렇게 연습해보아요	잘했어요	어려웠어요
무엇을 배웠는지 다시 한번 생각해보세요.		
내가 생각해낸 방법대로 해도 좋을지 다른 사람들 (친구들, 선생님, 가족)과 함께 이야기해보세요.		
오늘 연습한 결과가 어떠했는지 '연습결과' 칸에 적어보세요.		

연습하고 달라졌어요

1. 나는 친구들이 웃을 때 함께 웃을 수 있나요?	예	아니요
2. 친구들이 웃지 않을 때 웃음을 참을 수 있나요?	예	아니요
3. 언제 웃어도 되는지, 언제 웃으면 안 되는지 알고 있나요?	예	아니요

확인 문제

✽ 다음 중 누구의 반응이 적절할까요?

① 선생님이 영희를 꾸짖으실 때 영호는 큰 소리로 웃었어요.
② 친구가 재미있는 이야기를 할 때 철수는 큰 소리로 웃었어요.

상황그림을 보여주며
그림을 보면서 질문에 대답해보세요!

준비하기

- 내가 재미있어서 크게 웃었던 일이 있었나요? 무슨 일이었나요?

- 비웃음이란 무엇인가요?

- 즐거울 때 웃는 웃음과 비웃음은 어떤 차이가 있을까요?

마음 읽기

- 친구가 내가 한 말이 재미있어서 웃어주면 내 기분이 어떨까요?

- 내가 친구가 한 말이 재미있어서 웃어주면 친구의 기분이 어떨까요?

- 친구가 나를 비웃으면 나의 마음은 어떨까요?

- 내가 친구를 비웃으면 친구의 마음은 어떨까요?

이야기질문

- 수정이는 쉬는 시간에 화장실에 가려다가 교실 문턱에 걸려 춤을 추듯 비틀거리고 말았어요. 그걸 본 혜인이는 수정이가 비틀거리는 모습이 우스꽝스러워서 친구들과 함께 깔깔 웃었어요. 수정이는 친구들이 웃어주는 것이 좋아서 친해지고 싶은 친구가 생기면 교실에서나 길거리에서나 항상 비틀거리는 춤을 보여주었답니다. 친구들은 수정이가 춤을 출 때마다 배꼽을 잡고 웃었지만, 수정이가 주말에 함께 영화를 보러 가자고 했을 때는 아무도 같이 가고 싶어 하지 않았어요. 친구들은 왜 수정이와 영화를 보러 가고 싶지않았을까요?

적용하기

- 내가 실수를 했을 때 친구들이 비웃는다면 나는 어떻게 행동해야 할까요?
- 친구들이 웃는 웃음이 비웃음인지 아닌지 어떻게 알 수 있을까요?

 친구들이 웃는다고 해서 다 좋은 의미가 아니라는 것을 설명해주세요. 웃음이 가진 여러 가지 의미를 설명해주시고 다양한 상황을 예로 들어주세요. 위의 이야기 질문처럼 친구들의 웃음이 때로는 비웃음일 수 있다는 것을 알려주시고, 상황과 친구들의 태도를 통해 웃음의 의미를 파악할 수 있도록 도와주세요. 비웃음을 산 행동은 다시 하지 않도록 주의시켜 주세요.

다음 그림을 보면서 질문에 대답해보세요.

지금까지 함께 이야기 나눈 내용을
잘 생각해보고, 생각풍선을 채워보세요.

연습 기록지

이름:	날짜:	확인:

내용: 웃음은 다양한 의미가 있어요.

이유: 우리는 즐거울 때 웃어요. 하지만 즐거울 때에만 웃는 것은 아니에요. 당황했을 때나 어색할 때 웃기도 하고, 때로는 다른 사람을 비웃기도 해요. 비웃음은 다른 사람을 빈정거리거나 업신여길 때 웃는 웃음이에요. 이렇게 웃음에는 다양한 의미가 있어서 다른 사람이 웃을 때에는 그 상황을 잘 살펴서 그것이 어떤 의미인지 구분할 수 있어야 해요.

이것을 연습해보아요	연습결과
1. '비웃음'이란 무엇인가요?	
2. 친구들이 언제 비웃나요?	
3. 즐거운 웃음과 비웃음을 구별할 수 있나요?	
4. 친구가 나를 비웃을 때 어떻게 해야 할까요?	

이렇게 연습해보아요	잘했어요	어려웠어요
무엇을 배웠는지 다시 한번 생각해보세요.		
내가 생각해낸 방법대로 해도 좋을지 다른 사람들 (친구들, 선생님, 가족)과 함께 이야기해보세요.		
오늘 연습한 결과가 어떠했는지 '연습결과' 칸에 적어보세요.		

연습하고 달라졌어요

1. 비웃음이 무엇인지 알고 있나요?	예	아니요
2. 즐거운 웃음과 비웃음을 구별할 수 있나요?	예	아니요
3. 친구가 나를 비웃을 때 어떻게 해야 할지 알고 있나요?	예	아니요

확인 문제

✽ 다음 중 비웃음은 어떤 것일까요?

　① 내 양말에 구멍이 난 것을 보고 친구가 손가락질하며 웃어요.
　② 내가 한 농담을 친구들이 듣더니 까르르 웃어요.

그림을 보면서 질문에 대답해보세요!

준비하기

- 취미(습관)는 무엇인가요?

- 친구들은 어떤 취미(습관)를 가지고 있나요?

- 나는 어떤 취미(습관)를 가지고 있나요?

마음 읽기

- 친구가 쓰레기를 가방에 모으는 걸 본다면, 나는 어떤 생각이 들까요?

- 친구가 코딱지를 파서 책상 밑에 붙이는 습관이 있어요. 그걸 본다면 나는
  어떤 생각이 들까요?

- 친구가 이상하거나 더러운 취미(습관)를 가지고 있을 때, 나는 어떻게 생각
  하나요?

- 내가 이상하거나 더러운 취미(습관)를 가지고 있을 때, 친구들이 어떻게 생
  각할까요?

이야기질문

- 정원이는 백화점에서 나오는 전단을 보는 것을 좋아합니다. 그래서 정원이는 백화점 전단을 찾을 때마다 모아둡니다. 가끔 정원이는 재활용통이나 쓰레기통에서 전단을 찾아내기도 합니다. 그런데 정원이 엄마는 정원이가 가방 가득 백화점 전단을 주워올 때마다 화를 내십니다. 정원이는 친구들에게 자랑하려고 그동안 모은 백화점 전단을 가방에 가득 담아 학교에 가져갔습니다. 친구들은 정원이의 전단을 보더니 이상하다고 말했습니다. 친구들은 왜 정원이를 이상해하는 걸까요?

적용하기

- 내가 이상한 취미(습관)를 가지고 있을 때 친구들에게 놀림당하거나 비난받지 않으려면 어떻게 해야 할까요?
- 무섭거나 더러운 취미(습관), 또는 남에게 피해를 주는 취미(습관)에는 어떤 것들이 있을까요?(예: 의자에 침 바르기, 강아지에게 코딱지 먹이기, 바퀴벌레 기르기 등)

Tip 본 에피소드는 혐오스럽거나 더러운, 또는 이상하게 보일 만한 취미 및 습관에 관련된 내용을 담고 있습니다. 아이가 좋아하는 취미나 자주 하는 습관적인 행동이 친구들에게는 이상하게 보여서 친구들과 어울리는 데 방해가 될 수 있음을 알려주세요. 그 행동이 허용될 만한 상황과 그렇지 않은 상황을 구분지어 보고, 대체할 만한 다른 행동으로 바꿀 수 있도록 도와주세요.

다음 그림을 보면서 질문에 대답해보세요.

지금까지 함께 이야기 나눈 내용을
잘 생각해보고, 생각풍선을 채워보세요.

연습 기록지

이름:	날짜:	확인:

내용: 내 취미를 친구들이 이상하게 생각할 수 있어요.

이유: 내가 좋아하는 어떤 행동들이 친구들에게는 이상해 보일 수도 있어요. 내가 가진 취미와 습관 중에서 친구들이 이상하게 생각하거나 싫어하는 것이 있는지 생각해보고, 친구들과 함께 나눌 수 있는 취미와 습관을 가져보도록 해요.

이것을 연습해보아요	연습결과
1. '취미'란 무엇인가요?	
2. 나의 취미는 무엇인가요?	
3. 나의 취미 중 친구들이 이상하게 생각할 수도 있는 것이 있나요?	
4. 친구들과 함께 나눌 수 있는 취미와 습관에는 무엇이 있을까요?	

이렇게 연습해보아요	잘했어요	어려웠어요
무엇을 배웠는지 다시 한번 생각해보세요.		
내가 생각해낸 방법대로 해도 좋을지 다른 사람들 (친구들, 선생님, 가족)과 함께 이야기해보세요.		
오늘 연습한 결과가 어떠했는지 '연습결과' 칸에 적어보세요.		

연습하고 달라졌어요

1. '취미'가 무엇인지 이해했나요?	예	아니요
2. 내 취미가 친구들에게 이상하게 보일 수 있다는 것을 이해했나요?	예	아니요
3. 친구들과 함께할 수 있는 취미활동을 시도해보았나요?	예	아니요

확인 문제

✽ 다음 중 친구들이 좋아하지 않을 수도 있는 취미는 무엇일까요?

① 나는 바퀴벌레를 정말 좋아해요. 그래서 죽은 바퀴벌레를 보면 늘 주머니에 모아요.

② 나는 개미를 정말 좋아해요. 그래서 집에 개미집을 만들고 개미를 키우면서 관찰해요.

상황그림을 보여주며

그림을 보면서 질문에 대답해보세요!

준비하기

- '예의 바름'과 '버릇없음'의 의미는 무엇인가요?

- 우리는 왜 어른들께 공손하게 말해야 하나요?

- 어떤 행동이 버릇없는 행동인가요? 어떤 행동이 예의 바른 행동일까요?

- 어른들께 버릇없게 행동한 적이 있었나요? 그 경험을 이야기해보세요.

마음 읽기

- 어른들께 반말을 하면 그분들의 기분이 어떨까요?

- 어떤 아이가 우리 할머니/할아버지께 버릇없이 군다면 내 기분이 어떨까요?

- 나보다 훨씬 어린 아이가 나에게 '야'라고 부르면 내 기분은 어떨까요?

이야기질문

- 엄마는 진우에게 자기 의견을 똑바르게 말할 수 있는 어린이가 멋진 어린이라고 말했어요. 어느 날, 할아버지께서 집에 놀러 오셔서 진우에게 심부름을 시키셨어요. 진우는 심부름을 가기 싫어서 "싫어. 할아버지가 가."라고 자기 의견을 똑바르게 말했어요. 그랬더니 엄마는 얼굴이 빨개지고, 할아버지는 무안해하셨어요. 할아버지는 왜 무안해하셨을까요?

적용하기

- 버릇없는 행동과 예의 바른 행동의 예를 들어보세요.
- 어른들께 공손하게 말하는 것을 연습해보세요.
→ 부탁하는 말, 사과하는 말, 거절하는 말, 인사하는 말, 물어보는 말
- 나의 행동 중 버릇없는 행동이 있는지 돌아보고, 어떻게 고치는 게 좋을지 생각해보세요.

Tip 아이가 평소에 어른들께 버릇없이 군다면, 자신의 행동을 되돌아볼 수 있도록 이야기해주세요. 그리고 어떻게 고치는 것이 좋을지 함께 생각해보고 직접 해보도록 연습할 기회를 주세요. 왜 어른들께 예의 바르게 행동해야 하는지 이해시켜 주시고 다양한 상황에서 예절을 지키는 방법을 알려주세요. 말뿐 아니라 눈빛, 자세, 태도 등 어른 앞에서 지켜야 할 비언어적인 요소도 함께 알려주세요.

다음 그림을 보면서 질문에 대답해보세요.

지금까지 함께 이야기 나눈 내용을
잘 생각해보고, 생각풍선을 채워보세요.

연습 기록지

이름:	날짜:	확인:

내용: 어른을 공경해요.

이유: 엄마, 아빠, 할머니, 할아버지, 선생님 같은 어른들은 우리를 사랑해주시고 돌보아주시는 고마운 분들이에요. 우리가 어른들을 공경하고, 예의 바르게 말하고 행동한다면 어른들이 기뻐하실 거예요. 어른들에게는 친구들에게 말할 때와는 다른 표현을 사용할 때도 있어요. 어른들에게 어떻게 예의 바르게 말할 수 있는지 연습해보아요.

이것을 연습해보아요	연습결과
1. '예의'란 무엇인가요?	
2. '어른'이란 누구일까요? 내가 아는 '어른' 10명을 써보세요.	
3. 예의 바른 말을 연습해보세요 (인사, 감사, 사과, 부탁, 거절, 문의 등).	
4. 버릇없는 말과 행동을 한 적이 있다면, 이제 어떻게 고치면 좋을까요?	

이렇게 연습해보아요	잘했어요	어려웠어요
무엇을 배웠는지 다시 한번 생각해보세요.		
내가 생각해낸 방법대로 해도 좋을지 다른 사람들 (친구들, 선생님, 가족)과 함께 이야기해보세요.		
오늘 연습한 결과가 어떠했는지 '연습결과' 칸에 적어보세요.		

연습하고 달라졌어요

1. '예의'가 무엇인지 이해했나요?	예	아니요
2. 예의 바르게 말하고 행동할 수 있나요?	예	아니요
3. 버릇없는 말이나 행동을 고쳤나요?	예	아니요

확인 문제

✳ 다음 중 예의 바르게 말한 친구는 누구일까요?

① 할아버지, 좀 비켜봐. 텔레비전 안 보여.
② 할머니, 이거 제가 좋아하는 과자예요. 드셔보세요.

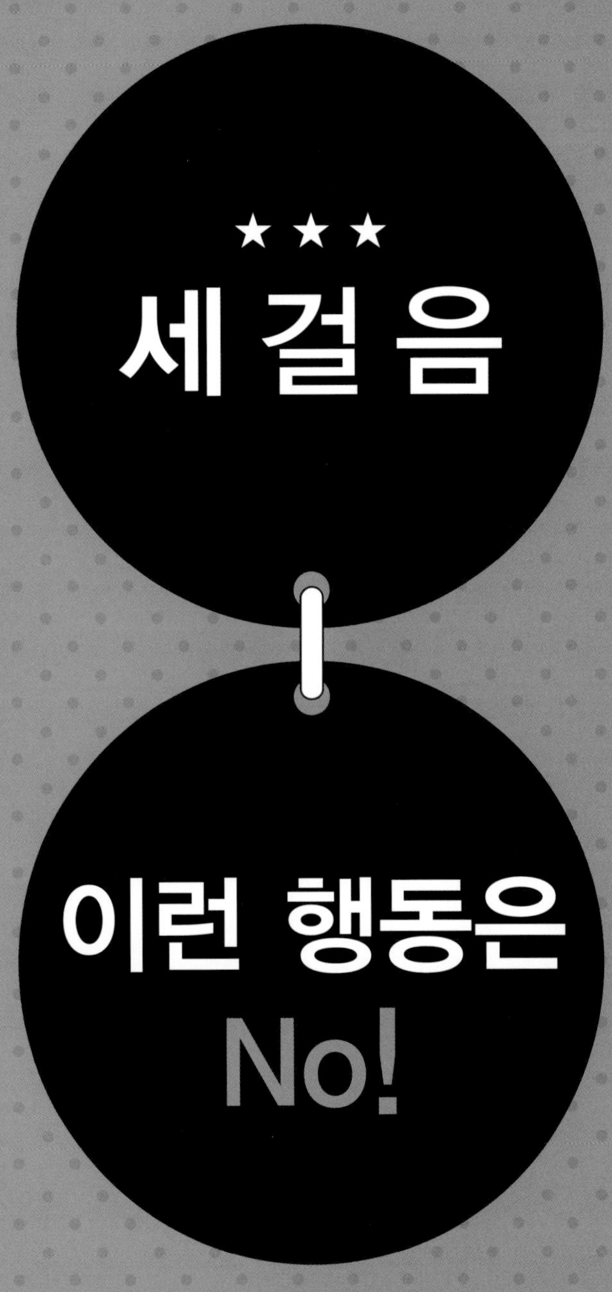
★★★
세 걸 음
이런 행동은
No!

상황그림을 보여주며
그림을 보면서 질문에 대답해보세요!

준비하기

- 몸이 청결하다는 것은 어떤 의미일까요? 나는 얼마나 청결한가요?
- 단정한 옷차림이란 어떤 것일까요? 나는 지금 단정한 옷차림인가요?
- 주위에 청결하지 않은 친구, 옷을 단정하지 않게 입는 친구가 있나요?

마음 읽기

- 친구의 옷에 더러운 것이 묻어 있고 나쁜 냄새가 나면 나는 어떤 생각이 들까요?
- 내 옷에 더러운 것이 묻어 있고 나쁜 냄새가 나면 친구들은 어떤 생각을 할까요?
- 친구들이 깨끗하고 단정하게 옷을 입은 것을 보았을 때 나는 어떤 생각이 들까요?
- 내가 깨끗하고 단정하게 옷을 입었을 때 친구들은 어떤 생각을 할까요?

이야기질문

- 서준이는 모래 놀이를 좋아합니다. 아침에 일어나자마자 세수하고 이 닦는 것도 잊어버리고 곧장 놀이터로 뛰어나가 흙장난을 합니다. 밤에는 신나게 놀다가 지쳐서 입던 옷 그대로 잠이 들곤 합니다. 서준이는 친구들과 함께 노는 것도 좋아하지만, 친구들은 서준이가 가까이 다가가거나 말을 시작할 때면 코를 막고 고개를 옆으로 돌린답니다. 왜 친구들은 서준이가 다가가면 고개를 돌렸을까요?

적용하기

- 몸을 청결하게 하려면 어떻게 해야 하나요?
- 옷을 단정하게 입으려면 어떻게 해야 하나요?
- 오늘 깨끗하게 씻고, 깨끗한 옷으로 갈아입었나요? 하루에 몇 번 어디(몸, 머리, 얼굴, 손, 발, 이 등)를 씻어야 하고, 언제 어떤 옷으로 갈아입어야 하는지 생각해보세요.

 청결유지를 잘하는 것도 중요한 사회적 기술 중의 하나입니다. 더럽거나 냄새가 난다면 아동의 인상도 나빠질뿐더러 친구들도 가까이하기를 꺼릴 것입니다. 언제 어디서 어떻게 몸을 관리해야 하는지 구체적으로 알려주세요. 청결한 몸과 옷차림에 대한 목록을 만들어서 아이 스스로 잘 지켰는지 체크해보도록 하는 것도 좋은 방법입니다.

다음 그림을 보면서 질문에 대답해보세요.

지금까지 함께 이야기 나눈 내용을
잘 생각해보고, 생각풍선을 채워보세요.

연습 기록지

이름:	날짜:	확인:

내용: 청결한 몸과 단정한 옷은 좋은 인상을 주어요.

이유: 같이 놀고 싶은 친구에는 어떤 친구가 있을까요? 재미있는 친구, 친절한 친구 등 여러 친구가 있겠지요. 그렇다면 늘 깨끗하고 단정한 친구와 더럽고 지저분한 친구 중에서는 어떤 친구와 친해지고 싶은가요? 만약 친구가 냄새도 나고 더럽다면 같이 놀고 싶지 않을 거예요. 나도 다른 친구에게 호감을 주고 싶다면 늘 깨끗하고 단정하게 매무새를 가다듬어야 해요.

이것을 연습해보아요	연습결과
1. '청결'한 것은 무엇인가요?	
2. 청결한 몸을 유지하려면 어떻게 해야 할까요?	
3. 어제 아침과 저녁에 세수를 하고 이를 닦았나요?	
4. 매일 잊지 않고 깨끗이 씻을 수 있나요?	

이렇게 연습해보아요	잘했어요	어려웠어요
무엇을 배웠는지 다시 한번 생각해보세요.		
내가 생각해낸 방법대로 해도 좋을지 다른 사람들 (친구들, 선생님, 가족)과 함께 이야기해보세요.		
오늘 연습한 결과가 어떠했는지 '연습결과' 칸에 적어보세요.		

연습하고 달라졌어요

1. '청결'의 의미를 이해했나요?	예	아니요
2. 몸을 청결하게 하기 위해 매일 깨끗이 씻을 수 있나요?	예	아니요
3. 옷을 단정하게 입을 수 있나요?	예	아니요

확인 문제

✽ 어떤 친구가 청결한 친구일까요?

① 콧물이 나면 친구들이 보기 전에 소매로 깨끗이 닦아요.
② 밥을 먹고 나면 꼭 양치해요.

상황그림을 보여주며

그림을 보면서 질문에 대답해보세요!

준비하기

- 바닥에 떨어진 음식은 왜 먹으면 안 될까요?

- 바닥에 떨어진 음식을 먹는 친구를 본 적이 있나요?

- 내가 바닥에 떨어진 음식을 먹으면 엄마가 뭐라고 말씀하시나요?

마음 읽기

- 친구가 바닥에 떨어진 음식을 자꾸 먹어요. 나는 친구를 보고 어떤 생각이 들까요?

- 내가 바닥에 떨어진 음식을 자꾸 먹어요. 친구는 나를 보고 어떤 생각이 들까요?

이야기질문

● 현정이는 준석이와 나눠 먹으려고 과자 봉지에 손을 넣어 한 주먹 과자를 꺼내다가 그만 실수로 과자를 바닥에 떨어뜨리고 말았어요. 준석이는 바닥에 떨어진 과자를 쪼그리고 앉아서 하나하나 맛있게 주워 먹었지요. 현정이는 준석이에게 "새로 줄게."라고 말했지만, 준석이는 과자가 맛있어서 계속 주워 먹었어요. 그러자 현정이는 준석이가 먹고 있는 과자를 뺏어서 쓰레기통에 버렸답니다. 현정이는 왜 준석이에게 과자를 준다고 해놓고 준석이가 먹던 과자를 뺏었을까요?

적용하기

● 선생님께서 과자를 하나 주셨는데 바닥에 떨어졌어요. 어떻게 하면 좋을 까요?

● 먹고 싶더라도 먹으면 안 되는 음식들이 있어요. 어떤 것들이 있을까요?(예: 바닥에 떨어진 음식, 상한 음식, 유통기한이 지난 음식, 덜 익은 음식 등)

● 떨어진 음식이 먹고 싶을 때는 어떻게 해야 할까요?

바닥에 떨어진 음식을 먹는 행동은 위생적으로 문제가 되기도 하지만, 아이를 친구들의 놀림감으로 만들 수도 있습니다. 더러워진 음식을 먹으면 안 되는 이유에 대해 아이들이 이해할 수 있도록 충분히 설명해주세요. 그리고 다른 음식을 먹는다든지, 다음에 다시 사 먹을 수 있다든지 하는 대안을 제시해주셔서 아이가 받아들일 수 있도록 해주세요.

다음 그림을 보면서 질문에 대답해보세요.

지금까지 함께 이야기 나눈 내용을
잘 생각해보고, 생각풍선을 채워보세요.

연습 기록지

이름:	날짜:	확인:

내용: 바닥에 떨어진 음식은 먹지 않아요.

이유: 아무리 깨끗해 보이는 바닥이라도 눈에 보이지 않는 병균이나 더러운 것들이 있을 수 있어요. 바닥에 떨어뜨린 음식을 다시 먹는다면 병균들이 우리 몸에 들어와 병이 나거나 아플 수 있지요. 만약 친구가 떨어진 음식을 먹지 못하게 한다면 그것은 우리가 아플까 봐 걱정하기 때문이에요. 바닥에 음식이 떨어지면 어떻게 해야 할지 함께 생각해보아요.

이것을 연습해보아요	연습결과
1. 왜 바닥에 떨어진 음식을 먹으면 안 될까요?	
2. 내가 좋아하는 과자가 바닥에 떨어져 있을 때 어떻게 해야 할까요?	
3. 바닥에 떨어진 과자를 친구가 먹으려고 한다면 나는 어떻게 해야 할까요?	
4. 선생님이 주신 과자를 바닥에 떨어뜨렸어요. 어떻게 해야 할까요?	

<table>
<tr><td>이렇게 연습해보아요</td><td>잘했어요</td><td>어려웠어요</td></tr>
<tr><td>무엇을 배웠는지 다시 한번 생각해보세요.</td><td></td><td></td></tr>
<tr><td>내가 생각해낸 방법대로 해도 좋을지 다른 사람들
(친구들, 선생님, 가족)과 함께 이야기해보세요.</td><td></td><td></td></tr>
<tr><td>오늘 연습한 결과가 어떠했는지 '연습결과' 칸에
적어보세요.</td><td></td><td></td></tr>
</table>

연습하고 달라졌어요

1. 왜 바닥에 떨어진 음식을 먹으면 안 되는지 이해했나요?	예	아니요
2. 바닥에 떨어진 음식을 보았을 때 먹지 않을 수 있나요?	예	아니요
3. 바닥에 떨어진 음식을 친구가 먹으려고 할 때 먹지 말라고 말할 수 있나요?	예	아니요

확인 문제

✽ 다음 중 먹지 말아야 하는 음식은 어떤 것인가요?

① 어제저녁에 먹다 남은 피자 한 조각
② 교실 바닥에 떨어진 장조림 한 조각

 **상황그림을 보여주며**
그림을 보면서 질문에 대답해 보세요!

준비하기

- 습관의 의미는 무엇인가요?
- 내가 습관적으로 하는 행동들은 무엇이 있나요?
- 친구들의 습관 중에 내가 싫어하는 것이 있나요? 있다면 무엇인가요?
- 내가 하는 행동들 중 친구들이 싫어하는 것이 있나요? 있다면 무엇인가요?

마음 읽기

- 친구가 내 앞에서 코를 파거나 코딱지를 먹으면 내 기분이 어떨까요?
- 친구가 아무 데서나 방귀를 뿡뿡 뀌면 나는 어떤 생각이 들까요?
- 내가 친구 앞에서 더러운 행동들을 한다면 친구들은 기분이 어떨까요?

이야기질문

- 진우는 코딱지를 파서 손가락으로 돌돌 굴린 다음 톡 튕기는 놀이를 좋아해요. 그래서 집에서도, 길을 가면서도, 친구들이 모인 교실에서도 코딱지를 파요. 체육시간이 되어서 두 명씩 손을 잡고 달리기를 하는데 진우가 좋아하던 희란이와 함께 달리게 되었어요. 그런데 희란이가 선생님한테 진우랑 손을 잡기 싫다고 했어요. 희란이는 왜 진우랑 손을 잡기 싫어할까요?

적용하기

- 어떤 행동들이 더러운 행동이고 어떤 행동들이 해도 괜찮은 행동일까요?
- 나의 습관들을 적어보고 고쳐야 할 습관들을 선생님과 이야기해보세요.
- 나쁜 습관들을 고치려면 어떻게 해야 할까요?

 우리 아이들이 하는 행동 중에 스스로 깨닫고 있지는 못하지만 친구들이 불쾌하게 느낄 만한 행동이 있는지 찾아보고 고칠 수 있도록 도와주세요. 구체적인 행동 목록을 작성해서 그래프로 제시한 뒤, 줄어가는 횟수를 아이들이 시각적으로 확인하게 하는 것도 좋은 방법 중 하나입니다.

다음 그림을 보면서 질문에 대답해보세요.

지금까지 함께 이야기 나눈 내용을
잘 생각해보고, 생각풍선을 채워보세요.

연습 기록지

이름:	날짜:	확인:

내용: 더러운 습관은 싫어요.

이유: 사람들은 누구나 습관을 가지고 있어요. 어떤 습관은 나에게 도움이 되고 다른 사람에게도 피해를 주지 않아요. 그런데 어떤 습관은 친구들을 기분 나쁘게 하거나 친구들이 나와 친해지고 싶지 않게 만들 수도 있어요. 나에게는 어떤 좋은 습관과 나쁜 습관이 있는지 생각해보고, 나쁜 습관이 있다면 고치는 연습을 해 보아요.

이것을 연습해보아요	연습결과
1. '습관'이란 무엇인가요?	
2. 나의 좋은 습관들을 적어보세요.	
3. 나의 나쁜 습관들을 적어보세요.	
4. 나의 나쁜 습관들은 어떻게 고칠 수 있을까요?	

이렇게 연습해보아요	잘했어요	어려웠어요
무엇을 배웠는지 다시 한번 생각해보세요.		
내가 생각해낸 방법대로 해도 좋을지 다른 사람들 (친구들, 선생님, 가족)과 함께 이야기해보세요.		
오늘 연습한 결과가 어떠했는지 '연습결과' 칸에 적어보세요.		

연습하고 달라졌어요

1. '습관'이 무엇인지 이해했나요?	예	아니요
2. 나의 나쁜 습관들을 발견할 수 있었나요?	예	아니요
3. 나쁜 습관들을 고치기 위해 노력했나요?	예	아니요

확인 문제

✽ 다음 중 나쁜 습관을 가장 잘 고친 친구는 누구일까요?

① 나는 이제 아무 데서나 코딱지를 파지 않고, 세수할 때 코를 깨끗하게 풀어요.

② 나는 이제 소리 내서 방귀를 뿡뿡 뀌지 않고, 친구들에게 냄새만 맡아보라고 해요.

30 친구를 때리면 안 돼요

그림을 보면서 질문에 대답해보세요!

준비하기

- 다른 사람을 때리는 행동은 좋은 행동인가요?
- 친구를 때려본 적 있나요? 그랬다면 왜 그렇게 했나요?
  그리고 그 결과는 어땠나요?
- 친구에게 맞아본 적 있나요? 친구는 나를 왜 때렸나요?
  나는 어떻게 했나요?
- 친구를 때리면 왜 사과해야 할까요?

마음 읽기

- 친구가 나를 때리면 내 기분이 어떨까요?
- 내가 친구를 때리거나 꼬집으면 친구의 기분이 어떨까요?
- 나는 어떨 때 친구를 때리거나 꼬집고 싶은 마음이 드나요?

이야기질문

- 예은이는 화가 나면 친구를 때리거나 꼬집어요. 쉬는 시간에 예은이의 짝꿍인 철호가 실수로 예은이의 공책을 바닥에 떨어뜨렸어요. 예은이는 철호의 팔을 마구 꼬집으며 화를 냈어요. 철호는 예은이가 자신을 꼬집은 것을 선생님께 일러서 예은이는 선생님께 혼났어요. 예은이는 철호가 미워서 머리카락을 잡아당겼어요. 그걸 본 선생님은 예은이에게 화장실 청소를 하라고 벌을 주셨어요. 선생님은 왜 예은이에게 벌을 주셨을까요?

적용하기

- 친구를 때리고 싶었던 적이 있나요? 친구를 때리고 싶을 때, 때리지 않고 다른 방법으로 표현할 수 있을까요?
- 내가 친구를 때려서 친구가 화가 났다면 어떻게 사과하는 것이 좋을까요?
- 화가 났을 때, 친구를 때리지 않고 다른 방법으로 마음을 표현하겠다는 결심을 글로 써보세요. 그리고 화가 날 때마다 보면서 연습해보세요.

 공격적인 행동으로 화를 표현하는 것은 또래관계에 큰 어려움을 줄 수 있습니다. 공격적인 행동들이 왜 나쁜지, 왜 해서는 안 되는지를 이해시켜 주시고 바람직한 표현으로 전환되도록 도와주세요(예: 너무 화가 날 때는 속으로 숫자를 10까지 세고 왜 화가 났는지 말로 표현하기, 구석에서 혼자만의 시간을 갖기 등).

다음 그림을 보면서 질문에 대답해보세요.

지금까지 함께 이야기 나눈 내용을
잘 생각해보고, 생각풍선을 채워보세요.

연습 기록지

이름:	날짜:	확인:

내용: 친구를 때리면 안 돼요.

이유: 화가 나거나 내가 친구보다 더 강하다는 것을 보여주고 싶을 때 친구를 때리거나 물건을 집어던지고 싶어질 수 있어요. 하지만 폭력적인 행동은 친구들이 나를 싫어하게 만드는 원인이 된답니다. 폭력은 처음에는 화가 난 마음을 표현하기 위해 사용했더라도 나중에는 습관이 될 수 있는 나쁜 행동이에요. 바르게 마음을 표현하는 방법을 연습해보아요.

이것을 연습해보아요	연습결과
1. 왜 친구를 때리면 안 될까요?	
2. 나는 언제 친구를 때리고 싶나요?	
3. 내가 때린 친구에게 사과할 때는 어떤 표정으로 무슨 말을 해야 할까요?	
4. 화가 난 감정을 폭력을 쓰지 않고 말로 표현해보세요. 뭐라고 말하면 좋을까요?	

이렇게 연습해보아요	잘했어요	어려웠어요
무엇을 배웠는지 다시 한번 생각해보세요.		
내가 생각해낸 방법대로 해도 좋을지 다른 사람들 (친구들, 선생님, 가족)과 함께 이야기해보세요.		
오늘 연습한 결과가 어떠했는지 '연습결과' 칸에 적어보세요.		

연습하고 달라졌어요

1. 친구를 때리면 왜 안 되는지 이해했나요?	예	아니요
2. 내가 때린 친구에게 적절하게 사과할 수 있었나요?	예	아니요
3. 친구를 때리지 않고 말로 내 마음을 전달할 수 있나요?	예	아니요

확인 문제

✳ 다음 중 화가 나도 해서는 안 되는 행동은 무엇인가요?

① 친구가 내 장난감을 한 번 만져보고 싶다고 했는데 나는 친구가 만지는
   것이 싫어서 친구를 발로 찼어요.
② 친구가 내 장난감을 가져가 버려서, 친구에게 화가 난다고 말하고 다음
   부턴 그러지 말라고 했어요.

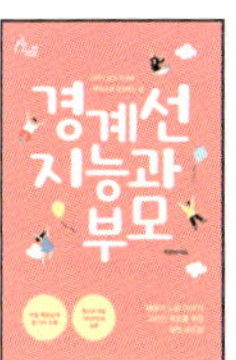

경계선 지능과 부모
박찬선 지음

아동심리전문가의 '배움이 느린 아이'가
고민인 부모를 위한 실천 로드맵

느린 학습자 이야기
신건철 지음

17년 차 초등교사가 전하는,
따뜻한 시선과 기다림이 만들어낸
느린 학습자의 성장 이야기

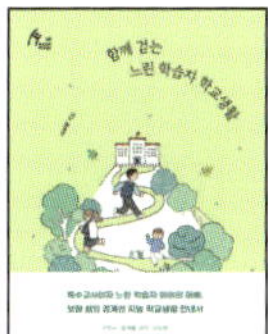

함께 걷는 느린 학습자 학교생활
이보람 지음

현직 특수교사이자 경계선 지능 진단을
받은 막내딸을 키우는 부모인 저자가
전하는, 느린 학습자와 부모를 위한
현실적인 학교생활 솔루션

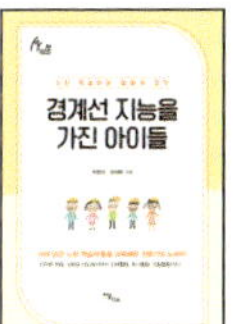

느린 학습자의 공부
박찬선 지음

학부모와 교사를 위한 10여 년간 느린
학습자를 교육해온 아동심리전문가의
교육 지침서

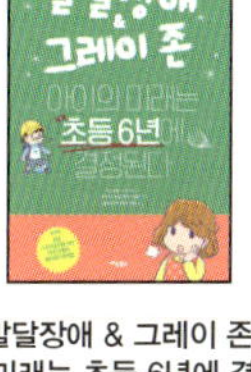

발달장애 & 그레이 존
아이의 미래는 초등 6년에 결정된다
LITALICO 발달 NAVI 편집부 지음
이노우에마사히코 감수

초등 느린학습자를 위한 33개 상황과
99가지 대처법

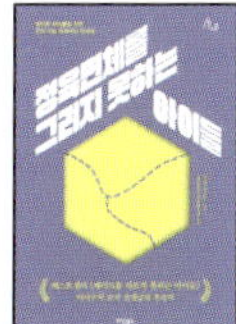

정육면체를 그리지 못하는 아이들
미야구치 코지 지음

'케이크를 자르지 못하는 아이들'
미야구치 코지 선생님의 인지 지능
트레이닝 안내서

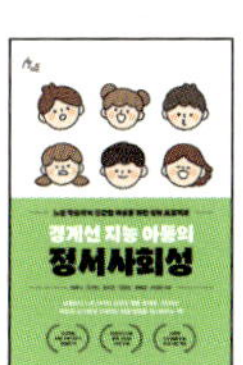

경계선 지능을 가진 아이들
장세희, 박찬선 지음

아동심리전문가의 경계선 지능과
학습장애의 인지와 기초학습지도서

경계선 지능 아동의 정서사회성
정하나, 유선미, 김지연, 임행정,
정혜경, 허성희 지음

교육 현장에 있는 심리치료 전공 교수와
박사들이 모여 집필한 느린 학습자의 건강한
마음을 위한 실천 프로그램

그레이 존에서 길을 잃은
직장인에게
사토 에미 지음

발달장애 특성을 가진 이들을 위한
직장생활 안내서

자녀교육

아이가 학교에
안 가려고 해요
란 지음

등교 거부하는 아이의 속마음을
이해할 수 있는 책

말이 쑥쑥 자라나는
그림책 육아
이미래 지음

언어발달 전문가가 전하는 그림책
육아 노하우

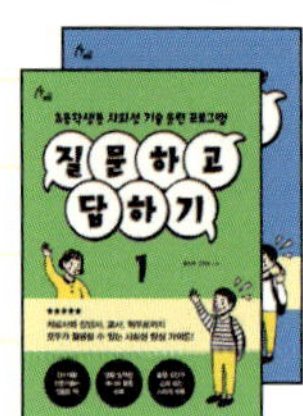

질문하고 답하기 세트 (전2권)
: 초등학생용 사회성 기술
훈련 프로그램
김정완,강경미 지음

연세대학교 대학원 언어병리학
박사이자 언어치료학 교수의 사회성
훈련 프로그램

초등 내 아이,
친구관계 고민상담소
류윤환 지음

초등학교 교사가 전하는 초등학생
친구 관계 고민 52가지 상담 사례

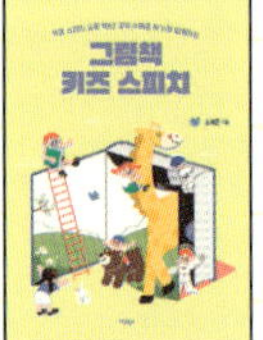

그림책 키즈 스피치
소혜준 지음

키즈 스피치 교육 10년 경력자가
알려주는 그림책 교육

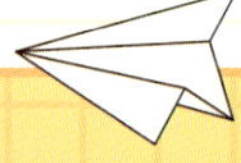

아동치료

아이가 말을 하지 않아요
소노야마 시게키 지음 | 조성하 옮김

선택적 함묵증을 현명하게 대처하는 방법

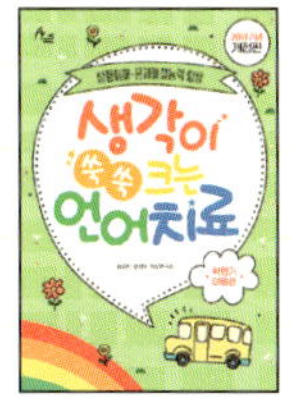

생각이 쑥쑥 크는 언어치료: 학령기 아동편
김정완, 강경미, 박성현 지음

연세대학교 대학원 언어병리학 박사이지
언어치료학 교수의 언어치료 프로그램

만화로 배우는 사회성 쑥쑥 화용언어치료 세트(전5권)
최소영, 허은경 지음

이화여자대학교 발달심리학 박사이자
1급 언어재활사의 화용언어치료 프로그램

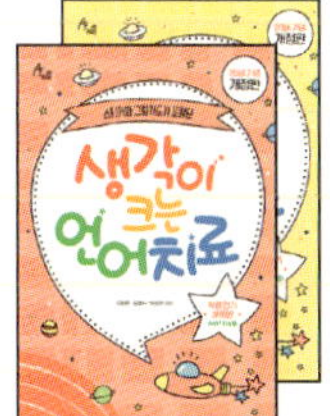

생각이 크는 언어치료: 학령 전기 아동편 세트(전2권)
김정완, 강경미, 박성현 지음

연세대학교 대학원 언어병리학 박사이자
언어치료학 교수의 언어치료 프로그램

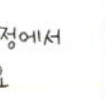
KSI books (이담북스) 계정에서
더 많은 책을 만나보세요

블로그

인스타그램

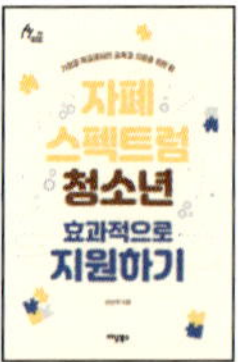

자폐 스펙트럼 청소년 효과적으로 지원하기

변관석 지음

지적장애 및 발달지체 학생 교육 박사이자 중등 특수교사인 저자의 특수교육 안내서

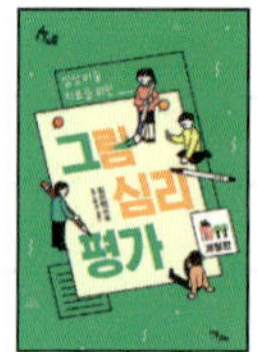

임상미술치료를 위한 그림심리평가

김선현 지음

미술치료 분야 대한민국 최고 권위자 김선현 교수의 책

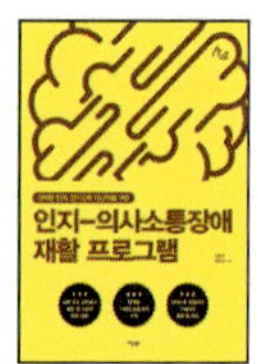

경미한 인지, 언어장애 대상자를 위한 인지-의사소통 장애 재활 프로그램

김정완, 장만순 지음

연세대학교 대학원 언어병리학 박사이자 언어치료학 교수의 인지재활 프로그램

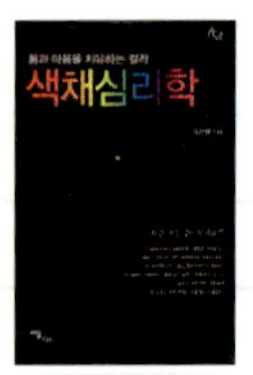

색채심리학

김선현 지음

미술치료 분야 대한민국 최고 권위자 김선현 교수의 책

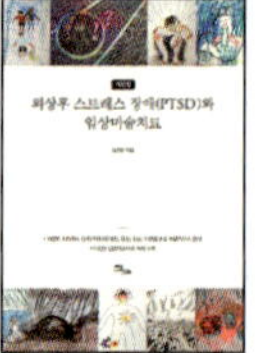

외상후 스트레스 장애 (PTSD)와 임상미술치료

김선현 지음

미술치료 분야 대한민국 최고 권위자 김선현 교수의 책

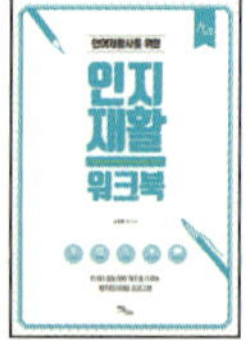

언어재활사를 위한 인지재활 워크북

김정완, 우희림, 윤인아, 송서윤, 김민영, 편대명, 황재호 지음

연세대학교 대학원 언어병리학 박사이자 언어치료학 교수의 인지재활 프로그램

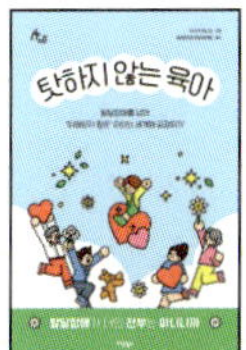

탓하지 않는 육아
다나카 야스오 지음

"발달장애가 너의 전부는 아니니까."
아이와 부모 모두의 마음을 위로하는
따스한 진료실

발달장애인의 눈에 비친 세계
이데 마사카즈 지음

뇌 과학으로 들여다보는 자폐 스펙트럼
장애인의 삶 이해하기

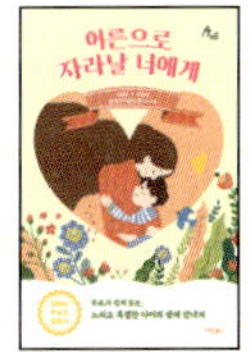

어른으로 자라날 너에게
이효주, 이효진, 헬렌언어발달연구소 지음

장애아를 키우는 부모를 위한
구체적인 조언과 위로

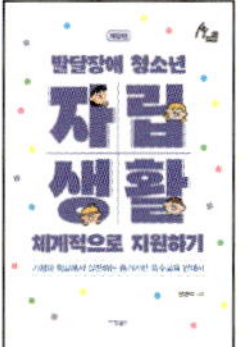

발달장애 청소년 자립생활 체계적으로 지원하기
변관석 지음

지적장애 및 발달지체 학생 교육 박사이자
중등 특수교사인 저자의 특수교육 안내서

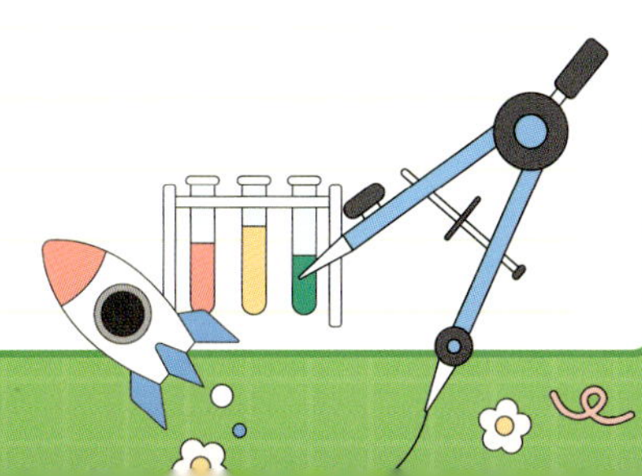

특수분야를 아우르는 다양한 도서!
전문가들의 경험과 지식을 담은

이담북스
도서 소개

KSI books × 이담북스   구매 문의 031-940-1111   투고 문의 ksibook1@kstudy.com

상황그림을 보여주며

그림을 보면서 질문에 대답해보세요!

준비하기

- 욕은 무엇인가요?

- 나는 어떤 욕을 해 보았나요?

- 욕을 들어본 적이 있나요? 있다면 그때의 상황과 기분에 대해 이야기해보세요.

- 친구들은 어떤 상황에서 욕을 하나요?

마음 읽기

- 친구가 나에게 욕을 하면 나의 마음은 어떨까요?

- 내가 친구에게 욕을 하면 친구의 마음은 어떨까요?

- 내가 욕하는 것을 들었을 때 주변 사람들은 나에 대해 어떻게 생각할까요?

이야기질문

- 형주가 친구들과 함께 모여서 놀고 있는데 한 친구가 욕을 하자 다른 친구들이 재미있게 웃었습니다. 그걸 본 형주는 집에 와서 인터넷으로 욕을 찾아보았습니다. 형주는 인터넷에서 배운 욕을 빨리 친구들에게 들려주고 싶었습니다. 형주는 엄마와 시장에 가다가 은아를 만났습니다. 형주는 인터넷에서 배운 욕을 은아에게 해주었습니다. 그런데 은아와 형주 엄마의 얼굴이 빨개졌습니다. 형주는 그날 엄마에게 매우 혼이 났습니다. 형주는 왜 혼이 난 걸까요?

적용하기

- 사람들은 언제 욕을 하나요? 그 상황에서 꼭 욕을 해야 할까요? 다른 표현 방법이 있을지 생각해보세요.
- 욕을 하지 않고 내 마음을 표현하는 방법은 무엇이 있을까요?
- 다른 사람이 내게 욕을 했을 때, 나는 어떻게 반응해야 할까요?

 만약 아이가 습관적으로 욕을 사용하고 있다면 욕을 듣는 사람의 기분이 어떨지를 설명해주세요. 또한 욕을 하는 행동은 다른 사람들에게 나쁜 인상을 심어준다는 것을 알려주세요. 아이가 습관적으로 사용하는 욕들을 목록으로 작성하고 바른 말로 바꾸는 활동을 해주세요. 그래프 활동을 통해서 욕하는 횟수를 줄이고 강화해주는 것도 좋은 방법 중의 하나입니다.

다음 그림을 보면서 질문에 대답해보세요.

지금까지 함께 이야기 나눈 내용을
잘 생각해보고, 생각풍선을 채워보세요.

연습 기록지

이름:	날짜:	확인:

내용: 욕은 사람들을 불쾌하게 해요.

이유: 욕은 듣는 사람의 기분을 나쁘게 만드는 말이에요. 내가 욕을 한다면 친구들은 나를 나쁜 사람으로 생각하고 친하게 지내고 싶지 않을 거예요. 내가 하는 말 중에 욕이 있는지 생각해보고, 욕을 하지 않고 내 마음을 표현하려면 어떻게 해야 하는지 연습해보아요.

이것을 연습해보아요	연습결과
1. '욕'은 언제 하는 말인가요?	
2. 내가 하는 말 중에 '욕'이 있는지 찾아보고, 나는 왜 '욕'을 하는지 생각해보세요.	
3. '욕'을 하면 안 되는 이유 세 가지를 생각해보세요.	
4. '욕'을 하지 않고 내 마음을 잘 표현할 수 있는 방법을 생각해보세요.	

이렇게 연습해보아요	잘했어요	어려웠어요
무엇을 배웠는지 다시 한번 생각해보세요.		
내가 생각해낸 방법대로 해도 좋을지 다른 사람들 (친구들, 선생님, 가족)과 함께 이야기해보세요.		
오늘 연습한 결과가 어떠했는지 '연습결과' 칸에 적어보세요.		

연습하고 달라졌어요

1. '욕'이 무엇인지 이해했나요?	예	아니요
2. '욕'을 하면 안 되는 이유를 이해했나요?	예	아니요
3. '욕'을 하지 않고 내 마음을 잘 표현할 수 있나요?	예	아니요

확인 문제

✼ 다음 중 욕을 하지 않고 마음을 잘 표현한 친구는 누구인가요?

① 뭘 째려봐! 재수 없어.
② 너랑 부딪혀서 내 필통이 다 쏟아졌잖아. 속상해.

그림을 보면서 질문에 대답해보세요!

준비하기

- 최근에 화를 낸 적이 있나요? 왜 화가 났나요?

- 나는 화가 나면 어떻게 하나요? 내 행동에 따른 결과는 어떠했나요?

- 친구들은 화가 나면 어떤 행동을 하나요?

- 나는 화가 날 때 어떻게 하면 기분이 나아지나요?

마음 읽기

- 친구가 자주 화를 내요(또는 한번 화가 나면 오랫동안 화를 내요). 내 마음은 어떨까요?

- 내가 친구에게 자주 화를 내거나 너무 오랫동안 화를 낸다면 친구의 마음은 어떨까요?

- 친구가 화를 내면서 나를 때리거나, 소리를 지르거나, 물건을 던지면 내 마음은 어떨까요?

- 내가 크게 소리를 지르거나 친구를 때리거나 물건을 던지면서 화를 내면 친구들은 어떤 마음이 들까요?

이야기질문

● 민우는 한번 화가 나면 참을 수가 없어요. 민우는 엄마와 마트에 갔다가 민우가 좋아하는 장난감을 살 수 없게 되자 마트에서 큰 소리로 화를 냈어요. 민우는 마트에서 돌아오는 길에도 계속 화가 났어요. 민우는 놀이터에서 친구들을 만났는데도 화가 계속 나서 한 시간 내내 씩씩거렸어요. 그러자 친구들은 민우와 놀기 싫다며 집으로 갔어요. 친구들은 왜 민우와 놀기 싫어하는 걸까요?

적용하기

● 나를 화나게 하는 상황을 얘기해보고 왜 화가 나는 것인지 생각해보세요.

● 화가 났을 때 적절히 표현하는 방법에는 무엇이 있을까요?

● 화를 가라앉힐 수 있는 방법에는 어떤 것들이 있을까요?

● 화가 나도 하면 안 되는 행동에는 어떤 것들이 있는지 생각해보세요.

 너무 쉽게 화를 내거나, 화난 상태가 지나치게 오래 지속되거나, 분노를 부적절한 방법(폭력, 자해 등)으로 표현하는 아이들을 위한 에피소드입니다. 화를 내는 감정 자체에 대해서는 인정해주시되, 지나치고 부적절한 분노 표현에 대해서는 다른 적절한 표현 방법으로 바꿀 수 있도록 도와주세요. 화를 누그러뜨릴 수 있는 방법에 대해 함께 이야기 나눠보시고 아이가 화를 낼 때마다 연습해보세요. '멈추고 생각하고 적절히 표현하는 것'을 줄임말이나 기호 등의 표시로 나타내어, 아이가 화가 나는 상황에서 쉽게 떠올릴 수 있도록 도와주세요.

다음 그림을 보면서 질문에 대답해보세요.

지금까지 함께 이야기 나눈 내용을
잘 생각해보고, 생각풍선을 채워보세요.

연습 기록지

이름:	날짜:	확인:

내용: 분노를 조절해요.

이유: 마음에 들지 않는 일이 있을 때는 화가 날 수 있어요. 그런데 내가 화가 났다는 것을 소리를 지르거나, 때리거나, 물건을 집어던지면서 표현하면 주변 사람들이 힘들어할 수 있어요. 내가 화가 났다는 것을 나를 화나게 하지 않은 사람들에게 표현하는 것도 좋은 방법이 아니랍니다. 화가 날 때는 어떻게 말하고 행동하면 좋을지 연습해보아요.

이것을 연습해보아요	연습결과
1. 나는 언제 화가 나나요?	
2. 화가 났을 때, 하면 안 되는 말과 행동 세 가지를 생각해보세요.	
3. 화가 났을 때, 해도 되는 말과 행동 세 가지를 생각해보세요.	
4. 화가 났을 때, 빨리 화를 풀 수 있는 방법 세 가지를 생각해보세요.	

이렇게 연습해보아요	잘했어요	어려웠어요
무엇을 배웠는지 다시 한번 생각해보세요.		
내가 생각해낸 방법대로 해도 좋을지 다른 사람들 (친구들, 선생님, 가족)과 함께 이야기해보세요.		
오늘 연습한 결과가 어떠했는지 '연습결과' 칸에 적어보세요.		

연습하고 달라졌어요

1. 화가 나도 하면 안 되는 말과 행동이 있음을 　이해했나요?	예	아니요
2. 화가 난 마음을 적절하게 표현할 수 있나요?	예	아니요
3. 화가 났을 때 빨리 풀 수 있는 방법을 찾았나요?	예	아니요

확인 문제

✽ 화가 나도 하면 안 되는 행동은 무엇일까요?

① 힘껏 소리를 지르며 물건을 집어던져요.

② 마음속으로 1부터 10까지 숫자를 세어보아요.

그림을 보면서 질문에 대답해보세요!

준비하기

- 혼잣말은 무엇인가요?
- 혼자서 중얼거리는 사람을 본 적이 있나요?
- 혼잣말을 해 본 적이 있나요?
- 혼잣말을 하는 것은 왜 이상하게 보일까요?

마음 읽기

- 친구와 이야기하고 싶은데 친구가 혼자서 계속 말을 한다면 나는 어떤 생각이 들까요?
- 친구가 나와 이야기하고 싶은데 내가 혼자서 계속 말을 한다면 친구는 어떤 생각이 들까요?
- 모르는 사람이 앞에 아무도 없는데 혼잣말을 하고 있으면 나는 어떤 생각이 들까요?

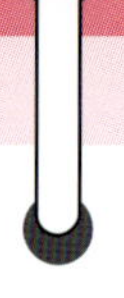

이야기질문

● 영호는 곤충을 매우 좋아해요. 영호는 매일매일 곤충도감을 보고 곤충의 이름과 생김새, 습성에 대해 배워요. 영호는 학교에 와서도 곤충도감 생각을 해요. 생각을 하다 보면 어느새 혼잣말로 중얼중얼 곤충의 이름과 생김새, 습성에 대해 말을 하고 있어요. 영호가 혼잣말을 하면 친구들은 그 모습을 보고 수군거려요. 영호에게 다가오려던 친구도 말을 걸지 않아요. 왜 친구들은 영호에게 말을 걸지 않을까요?

적용하기

● 혼잣말을 하고 싶을 때 할 수 있는 다른 행동들을 생각해보세요.

● 혼잣말을 해서는 안 되는 상황을 생각해보고 목록을 만들어보세요.

누구나 어떠한 생각에 몰두하다 보면 혼잣말을 하는 경우가 있습니다. 하지만 누군가와 함께 있을 때 혼잣말을 한다면 사람들에게 이상하게 비칠 수 있음을 아이에게 알려주세요. 다른 사람들과 함께 있을 때에는 혼잣말을 자제하도록 규칙을 정해 도와주세요(예: 속으로만 생각하기, 조용히 속삭이기 등).

다음 그림을 보면서 질문에 대답해보세요.

지금까지 함께 이야기 나눈 내용을
잘 생각해보고, 생각풍선을 채워보세요.

연습 기록지

이름:	날짜:	확인:

내용: 혼잣말을 하는 것은 이상하게 보일 수 있어요.

이유: 우리는 친구들에게 인사를 하거나 의견을 나눌 때 말을 해요. 말은 친구들과 대화하는 수단이지요. 그래서 상대방 없이 혼자서 말을 하면 다른 사람들이 의아하게 생각할 수 있어요. 혼자서 말을 하고 싶을 때에는 속으로 조용히 말을 해보아요.

이것을 연습해보아요	연습결과
1. '혼잣말'이란 무엇인가요?	
2. '혼잣말'을 하고 싶을 때에는 어떻게 해야 할까요?	
3. 상대방이 없이 혼자서 말하고 싶을 때 속으로 생각할 수 있나요?	
4. 혼잣말을 하면 안 되는 상황을 생각해보세요.	

이렇게 연습해보아요	잘했어요	어려웠어요
무엇을 배웠는지 다시 한번 생각해보세요.		
내가 생각해낸 방법대로 해도 좋을지 다른 사람들 (친구들, 선생님, 가족)과 함께 이야기해보세요.		
오늘 연습한 결과가 어떠했는지 '연습결과' 칸에 적어보세요.		

연습하고 달라졌어요

1. '혼잣말'이 무엇인지 이해했나요?	예	아니요
2. 혼잣말을 하고 싶을 때 속으로 말할 수 있나요?	예	아니요
3. 혼잣말을 하면 안 되는 상황을 생각해볼 수 있나요?	예	아니요

확인 문제

✽ 어떤 상황에서 소리 내서 말해야 할까요?

① 쉬는 시간에 친구와 어제저녁 TV에서 본 만화영화에 대해 이야기 나눌 때
② 수업시간에 갑자기 어제저녁 TV에서 본 만화영화의 대사가 생각났을 때

상황그림을 보여주며

그림을 보면서 질문에 대답해보세요!

준비하기

- 바지 속에 손을 넣거나 겨드랑이를 만지는 친구를 본 적이 있나요?
  나는 그런 적이 있나요?
- 다른 친구의 몸을 만져서 친구가 불쾌해했던 적이 있나요?
- 바지 속에 손을 넣거나 겨드랑이를 만지는 것은 왜 부끄러운 일일까요?

마음 읽기

- 친구가 내 앞에서 자기 바지 속에 손을 넣고 몸을 만진다면 나는 어떤 생각이 들까요?
- 내가 친구 앞에서 바지 속에 손을 넣고 몸을 만진다면 친구는 어떤 생각이 들까요?
- 친구가 내 엉덩이나 가슴, 혹은 허벅지나 성기를 갑자기 만진다면 내 기분은 어떨까요?
- 내가 친구의 엉덩이나 가슴, 혹은 허벅지나 성기를 갑자기 만진다면 친구의 기분은 어떨까요?

이야기질문

● 강구는 바지 속에 손을 넣고 고추를 만지는 습관이 있어요. 고추를 만지면 기분이 좋아져서 강구는 자주 바지에 손을 넣고 고추를 만져요. 텔레비전을 볼 때도, 영어학원에서도, 학교 수업시간에도 강구는 습관적으로 바지 속에 손을 넣었어요. 그런 모습을 보고 여자 친구들은 강구를 피하고 남자 친구들은 강구를 변태라고 놀렸어요. 평소에 강구가 짝사랑하던 자원이도 강구가 옆에 오면 얼굴이 빨개져서 자리를 피해요. 왜 그런 걸까요?

적용하기

● 엉덩이, 가슴, 허벅지, 성기를 만져도 괜찮은 장소(상황)와 아닌 장소(상황)를 이야기해보세요(예: 목욕할 때, 사람들이 있을 때, 집에 혼자 있을 때, 가족들과 함께 있을 때 등).

● 성기를 만지는 대신 할 수 있는 다른 행동을 정해보고, 만지고 싶을 때마다 실천해보세요(예: 찰흙이나 말랑말랑한 장난감을 손에 쥐고 있어요).

● 친구의 엉덩이, 가슴, 허벅지, 성기를 만지면 안 돼요. 특히 이성 친구끼리는 더더욱 안 되지요. 만약 친구 또는 다른 어른이 나의 몸을 만졌거나 만지려고 할 때, 어떻게 해야 하는지 이야기해보세요.

 신체 특정 부위를 만지는 것은 아이들이 종종 보이는 문제 행동 가운데 하나입니다. 이런 행동이 다른 사람들에게 줄 수 있는 불쾌감과 오해에 대해 설명해주세요. 그리고 이러한 충동이 생길 때 할 수 있는 대안적 행동(손으로 할 수 있는 다른 행동)을 함께 정해보세요. 습관적으로 몸을 만지지 않도록 약속한 내용을 카드에 기록하여 눈에 띄는 곳에 두도록 하는 것도 좋습니다. 또한 이성 친구의 몸을 만지지 않도록 주의시키고 성적 피해를 당했을 때 어떻게 대처해야 하는지 알려주세요.

다음 그림을 보면서 질문에 대답해보세요.

지금까지 함께 이야기 나눈 내용을
잘 생각해보고, 생각풍선을 채워보세요.

연습 기록지

| 이름: | 날짜: | 확인: |

내용: 사람들 앞에서 몸을 만지는 것을 조심하세요.

이유: 우리가 옷을 입는 이유는 몸을 따뜻하게 하기 위함이지만, 또한 다른 사람에게 우리의 소중한 몸을 보여주지 않기 위함도 있어요. 다른 사람에게 우리의 몸을 보여주거나 다른 사람 앞에서 몸을 만지는 것은 부끄러운 일이에요. 그런 모습을 본다면 사람들은 당황스러울 거예요. 그렇기 때문에 다른 사람들 앞에서 몸을 만지고 싶을 때에는 참을 수 있어야 해요.

이것을 연습해보아요	연습결과
1. 왜 다른 사람들 앞에서 몸을 만지면 안 될까요?	
2. 다른 사람 앞에서 만져도 되는 신체 부위는 어떤 것이 있나요?	
3. 친구가 내 앞에서 몸을 만진다면 뭐라고 말할까요?	
4. 몸을 만지고 싶을 때 할 수 있는 다른 행동을 생각해보세요.	

이렇게 연습해보아요	잘했어요	어려웠어요
무엇을 배웠는지 다시 한번 생각해보세요.		
내가 생각해낸 방법대로 해도 좋을지 다른 사람들 (친구들, 선생님, 가족)과 함께 이야기해보세요.		
오늘 연습한 결과가 어떠했는지 '연습결과' 칸에 적어보세요.		

연습하고 달라졌어요

1. 왜 다른 사람 앞에서 몸을 만지면 안 되는지 이해했나요?	예	아니요
2. 다른 사람들 앞에서 몸을 만지지 않을 수 있나요?	예	아니요
3. 다른 사람 앞에서 몸을 만지고 싶을 때에는 어떻게 해야 하는지 알고 있나요?	예	아니요

확인 문제

✽ 다음 중 어떤 일이 부끄러운 일일까요?

① 어깨가 간지러워서 잠바 속에 손을 넣고 어깨를 긁었어요.
② 허벅지가 간지러워서 바지 속에 손을 넣고 긁었어요.

그림을 보면서 질문에 대답해보세요!

준비하기

- 나는 편하게 속옷만 입고 있을 때가 있나요? 언제 그렇게 하나요?

- 엄마나 친구들이 나에게 빨리 옷을 입으라고 재촉한 적이 있나요?
  언제 그랬나요?

- 친구들이나 가족이 아닌 사람들 앞에서 옷을 벗는 행동은 왜 부끄러운가
  요?

마음 읽기

- 친구 집에 놀러 갔는데 친구가 바지를 벗고 팬티만 입고 돌아다녀요. 나는
  어떤 생각이 들까요?

- 친구가 우리 집에 놀러 왔는데 내가 바지를 벗고 돌아다니면 친구는 어떤
  생각이 들까요?

- 친구가 우리 집에 놀러 왔는데 우리 가족이 속옷만 입고 돌아다녀요. 내 기
  분은 어떨까요?

- 누가 우리 집에 놀러 왔는데, 내가 속옷만 입고 있으면 우리 가족의 기분은
  어떨까요?

이야기질문

● 학교에서 팀으로 같이 하는 숙제가 있어서 수정이와 현수는 현수네 집에서 함께 공부하기로 했어요. 현수는 집에 도착하자마자 매일 하던 것처럼 바지를 벗고 편한 사각팬티 차림으로 자리에 앉았어요. 그러자 수정이의 얼굴이 빨개졌어요. 수정이는 얼굴이 왜 빨개졌을까요?

적용하기

● 내가 옷을 벗어도 되는 상황과 벗으면 안 되는 상황을 이야기해보세요.

● 너무 더우면 옷을 벗을 수도 있어요. 그럼 친구들 앞에서 벗어도 괜찮은 옷은 어떤 것들이 있을까요?

  → 외투, 모자, 양말, 바지, 티셔츠, 조끼, 목도리, 팬티, 러닝셔츠,
     스웨터, 내복, 스타킹

● 다음 상황에서 우리는 어떤 옷차림을 하는 것이 좋을까요?

친구 집 -	장례식장 -
우리 집 -	공원 -
결혼식장 -	백화점 -

Tip 상황에 따라 옷차림이 달라짐을 이해하는 것은 쉽지 않습니다. 그렇기 때문에 적절하지 않은 옷차림으로 상대방을 당황하게 하는 일들이 있을 수 있습니다. 특히 옷을 아무 데서나 벗는 행동은 더욱 주의해야 합니다. 아이에게 사람에 따라 상황에 따라 옷을 벗으면 안 되는 경우가 있다는 것을 주의시켜 주세요. 덧붙여 여러 가지 상황에 적합한 옷차림에 대해서도 이야기 나눠보세요.

다음 그림을 보면서 질문에 대답해보세요.

지금까지 함께 이야기 나눈 내용을
잘 생각해보고, 생각풍선을 채워보세요.

이름:	날짜:	확인:

내용: 옷을 벗는 것은 친구들을 당황하게 할 수 있어요.

이유: 집에 돌아가면 옷을 벗고 편한 옷으로 갈아입어요. 목욕탕이나 수영장에서도 옷을 벗지요. 하지만 이런 몇몇 장소나 상황을 제외하고는 옷을 입고 있는 것이 예의예요. 만약 아무 곳에서나 옷을 벗으면 다른 사람들이 깜짝 놀랄 수도 있어요. 옷을 벗어도 되는 장소와 상황을 생각해보아요.

이것을 연습해보아요	연습결과
1. 우리는 언제 옷을 갖추어 입어야 하나요?	
2. 옷을 벗어도 되는 장소와 상황을 생각해보세요.	
3. 친구가 갑자기 내 앞에서 옷을 벗으면 내 기분이 어떨지 생각해보세요.	
4. 내가 갑자기 친구 앞에서 옷을 벗으면 친구의 기분이 어떨지 생각해보세요.	

이렇게 연습해보아요	잘했어요	어려웠어요
무엇을 배웠는지 다시 한번 생각해보세요.		
내가 생각해낸 방법대로 해도 좋을지 다른 사람들 (친구들, 선생님, 가족)과 함께 이야기해보세요.		
오늘 연습한 결과가 어떠했는지 '연습결과' 칸에 적어보세요.		

연습하고 달라졌어요

1. 왜 다른 사람 앞에서 옷을 벗으면 안 될까요?	예	아니요
2. 옷을 벗어도 되는 상황을 알고 있나요?	예	아니요
3. 다른 사람 앞에서 벗어도 되는 옷은 어떤 것이 있는지 알고 있나요?	예	아니요

확인 문제

✽ 다음 중 옷을 벗어도 되는 상황은 언제인가요?

① 수영장에서 옷을 갈아입을 때
② 학교 점심시간에 교실에서

- Baron‒Cohen, Simon(Ed); Tager‒Flusberg, Helen(Ed); Cohen, Donald J.(Ed.). (2000) *Understanding Other Minds: Perspectives from developmental cognitive neuroscience*(*2nd ed.*). New York, NY, US: Oxford University Press.
- Carter, A. S., Davis, N. O., Klin, A. & Volkmar, F. R. (2005). Social development in autism In F. R. Volkmar, R. Paul, A. Kin, & D. 72 Chohen (Eds.), *Handbook of autism and pervasive developmental disorder: Voume One: Diagnosis, development, neurobiology, and behavior* (3rd ed., pp.312~334). New York: John Wiley & Sons, Inc.
- Gray, C. (1994). Comic Strip Conversations. Arlington, TX: Future Horizons.
- Hadwin, J., Baron‒Cohen, S., & Hill K. (1997). Does teaching of mind have an effect on the ability to develop conversation in children with autism. *Journal of Autism and Development Disorders*, 27(5), 519~537.
- Francesca G. E. Happé (1994). An advanced test of theory of mind: understanding of story characters' thoughts and feelings by able autistic, mentally handicapped, and normal children and adults. *Journal of Autism and Developmental Disorders*, *24(2)*, 129~154.
- Myles, B. S. K, & Andereon, D. (2001). *This is Asperger Syndrome and Adolescence: Practical Solutions for school success*. Shawnee Mission, Ks: Autism Asperger publishing Company.
- Ozonoff, S., & Miller, J. N. (1995). Teaching Theory of Mind: A new approach to social skills training for individuals with autism. *Journal of Autism and Developmental Disorders,* 25(4). 415~433.
- Sperber, D. & D. Wilson (1986). *Relevance:* Communication and Cognition. Oxford: Blackwell.
- Kostelnik et al. (2008). 『영유아의 사회정서발달과 교육』, 박경자 외(역). 서울: 교문사 (2009). *Guiding Children's Social Development and Learning* (Paperback/6th Ed.). Cengage Learning.

저자소개

김재리

이화여자대학교 대학원 언어병리학 협동과정 석사
언어장애전문가협회 정회원
언어장애전문가 1급

최소영

이화여자대학교 대학원 언어병리학 협동과정 석사
언어장애전문가협회 정회원
언어장애전문가 1급

조아라

이화여자대학교 대학원 언어병리학 협동과정 석사
언어장애전문가협회 정회원
언어장애전문가 1급

허은경

이화여자대학교 대학원 언어병리학 협동과정 석사 수료
언어장애전문가협회 정회원
언어장애전문가 2급